自动驾驶汽车关键技术丛书

自动驾驶传感器融合

——技术、原理与应用

[日] 伊东敏夫 **著**

[日] 白　杰　　　**译**
　　黄李波

机械工业出版社

本书为即将从事或正在从事自动驾驶传感器融合工作的人总结了传感器融合的思路。本书首先介绍了摄像头（单目、立体）、无线电雷达、LiDAR、超声波传感器，其次从复合、统合、融合和网络的观点出发，介绍如何将这些传感器进行融合并予以分类，给出了相关特性和具体实例。特别是针对网络传感器融合，介绍了基于免疫网络的传感器融合方法。此外，传感器融合的目标就是要实现最佳状态估计，从这一观点出发，本书对基于滤波器、最小二乘估计法、状态方程的逐次型状态估计等各类方法的卡尔曼滤波器、粒子滤波器等情况予以整理说明。本书适合智能网联汽车工程师及研究人员阅读使用，也适合车辆工程及相关专业本科、研究生阶段师生阅读参考。

JIDO UNTEN NO TAME NO SENSOR FUSION GIJYUTSU GENRI TO OUYOU
by Toshio Ito
Copyright © Toshio Ito 2022
Simplified Chinese translation copyright © 2024 by China Machine Press
All rights reserved.
Original Japanese language edition published by Kagakujyoho shuppan Co., Ltd.
Simplified Chinese translation rights arranged with Kagakujyoho shuppan Co., Ltd.
through Lanka Creative Partners co., Ltd. (Japan) and Copyright Agency of China,
LTD (China).
版权所有，侵权必究。
This edition is authorized for sale in the Chinese mainland (excluding Hong Kong SAR, Macao SAR
and Taiwan).
此版本仅限在中国大陆地区（不包括香港、澳门特别行政区及台湾地区）销售。
北京市版权局著作权合同登记　图字：01-2022-6340号。

图书在版编目（CIP）数据

自动驾驶传感器融合：技术、原理与应用／（日）伊东敏夫著；
（日）白杰，黄李波译. —北京：机械工业出版社，2023.12
（自动驾驶汽车关键技术丛书）
ISBN 978-7-111-74221-0

Ⅰ. ①自⋯　Ⅱ. ①伊⋯ ②白⋯ ③黄⋯　Ⅲ. ①汽车驾驶-自动
驾驶系统-传感器　Ⅳ. ①U463.61

中国国家版本馆 CIP 数据核字（2023）第 215715 号

机械工业出版社（北京市百万庄大街22号　邮政编码100037）
策划编辑：孙　鹏　　　　　责任编辑：孙　鹏
责任校对：张亚楠　李小宝　　封面设计：鞠　杨
责任印制：常天培
北京机工印刷厂有限公司印刷
2024年1月第1版第1次印刷
169mm×239mm·9.75印张·182千字
标准书号：ISBN 978-7-111-74221-0
定价：99.00元

电话服务　　　　　　　　　网络服务
客服电话：010-88361066　　机　工　官　网：www.cmpbook.com
　　　　　010-88379833　　机　工　官　博：weibo.com/cmp1952
　　　　　010-68326294　　金　书　网：www.golden-book.com
封底无防伪标均为盗版　　机工教育服务网：www.cmpedu.com

前 言

从历史上看，人类最初研究的自动驾驶是一种利用道路基础设施的系统，后来人们改变了研究方向，开始让汽车去感知外界以实现自主行驶，直到今天仍然如此。从最开始研究自主型自动驾驶至今，外部环境感知传感器始终是研究课题的核心所在。由于自动驾驶是为了让汽车本身代替人类驾驶员进行驾驶，因此汽车必须像人类驾驶员一样识别外部环境并把握交通状况。

对于自动驾驶来说，可以选择的外部传感器有摄像头（单目、立体）、无线电雷达、LiDAR、超声波传感器等。虽然这些传感器都在研究人员的辛勤付出下得以实际应用，但是，单靠其中任何一种传感器都无法像人类驾驶员一样对外部进行识别。如果仅就驾驶员所拥有的视角、分辨率、动态范围、物体识别能力等其中一项能力来说，并非没有接近或超过人类能力范围的传感器。只是没有任何一个传感器可以囊括所有功能。

基于上述原因，利用多个传感器来填补功能不足，进行传感器融合自然而然地就被寄予了厚望。一旦自动驾驶水平得以提高，必然会安装摄像头（单目、立体）、无线电雷达、LiDAR、超声波传感器等多个传感器。作者多年来一直从事自动驾驶的研发工作，并从一开始就一直在寻找有效的传感器融合方式。

本书为那些即将从事或正在从事自动驾驶传感器融合工作的人总结了传感器融合的思路。本书首先介绍了摄像头（单目、立体）、无线电雷达、LiDAR、超声波传感器，其次从复合、统合、融合和网络的观点出发，介绍如何将这些传感器进行融合并予以分类，给出了相关特性和具体实例。特别是针对网络类传感器融合，介绍了基于免疫网络的传感器融合方法。此外，传感器融合的目标就是要实现最佳状态估计，从这一观点出发，本书对基于滤波器、最小二乘估计法、状态方程的逐次型状态估计等各类方法的卡尔曼滤波器、粒子滤波器等情况予以整理说明。

目 录

第 1 章

什么是传感器融合?

简单来讲,传感器融合是使用多个传感器来提高整体性能。当然,这里所说的传感器是指人们正在努力研究的用于自动驾驶的外部传感器,即车载摄像头、LiDAR、无线电雷达、超声波传感器等用于外部识别和距离测量的传感器。

考虑使用多个传感器进行传感器融合的原因在于,单个传感器的性能不足以满足需求。自动驾驶所追求的外部传感器信息包括外部环境(每一个独立物体、属性)以及可见范围内的3D 信息。在使用 LiDAR 的情况下,确实能够达到进行 SLAM 的级别,似乎也能够获取可见范围内的 3D 信息。但是,独立物体、属性(信号灯的颜色)却很难获取。因此,对于独立物体必须使用摄像头来识别属性,以弥补 LiDAR 的不足之处。

以上便是传感器融合的一个示例。可以看出,其思路是使用摄像头来进行独立物体、属性的识别,并通过 LiDAR 获取距离信息以达到互相补充的目的。

1.1 组合方法

即使不将摄像头和 LiDAR 进行组合，也可以使用立体摄像头识别独立物体、属性，甚至还可以获取距离信息。这意味着只要有立体摄像头，就不需要进行传感器融合了吗？实际上，立体摄像头本身就是传感器融合，因为立体摄像头融合了两个单目摄像头。

立体摄像头是对多个相同单目摄像头的传感器融合。摄像头和 LiDAR 的组合是对多个不同传感器的传感器融合。因此，从硬件层面看，传感器融合如图 1.1 所示，可以分为：使用多个相同传感器、使用多个不同传感器。从传感器融合的思路到方法，这两种情况所要完成的工作都大相径庭。

如果使用多个相同传感器，最基本的任务是对每个传感器所获得数据的差异进行比较。例如，对于使用两个相同单目摄像头的立体摄像头来说，采用三角测量原理来估计每个单目摄像头拍摄到的物体距离信息。具体的立体摄像头距离估计方法将在后面详细说明，这里先做简单介绍。

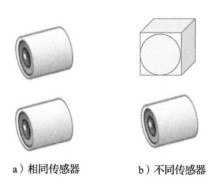

a）相同传感器　　　　b）不同传感器

图 1.1　传感器融合

将两个摄像头在水平方向一左一右地放置，使各自的光轴互相平行。由于左右摄像头所拍摄到的物体位置会因摄像头到物体的距离不同而不同，因此每个摄像头一旦分别确定了位置信息，就可以将其转换为距离信息。当摄像头和物体之间存在一定距离时，左右摄像头所拍摄到的物体位置几乎相同。不过，随着距离变小，左右摄像头所拍摄到的物体位置会发生变化，对右侧摄像头来说变得更为靠右，对左侧摄像头来说则变得更为靠左，即可以通过提取左右摄像头的物体位置差异，将其转换为距离信息。

即便摄像头拍摄到了物体位置，如果不进行图像识别，也无法明确物体究竟处于摄像头图像数据的位置。因此，实际的计算方法是，以左右任意一方为基准，搜索某个范围内的数据，找到这些数据出现在单侧拍摄结果的位置。

如果使用多个不同传感器，情况将比使用多个相同传感器更为复杂。因为传感器的特性完全不同，所以传感器获得的数据本身具有差异，无法互相比较。例如，从单目摄像头获得的图像数据是每个像素的亮度数据集合，而从 LiDAR 获得的距离信息是点云数据，两者并不能简单地进行比较。毕竟单目摄像头的数据是 2D 数据，而从 LiDAR 获得的数据则是 3D 数据。

首先，我们必须明确两者拍摄的位置是哪里。一般情况下，如果使用不同的传感器，那么每个传感器的安装位置不同，因此必须对两者的坐标进行校正和统一。将两者的坐标进行统一后，便可将两者的数据视作不同维度下同一目标物体的属性数据，此时再来思考数据融合的意义和方法才有价值。

当使用多个不同传感器时，最重要的点在于坐标校正和坐标统一。当然，对于多个相同传感器来说，坐标校正同样也很重要，在使用立体摄像头时这是最为重要的一点。

1.2　传感器数据融合

无论组合的传感器相同还是不同，融合的都是各自的数据。因此，准确地来讲，传感器融合其实是传感器数据的融合。从传感器数据融合的角度来思考传感器的组合，我们可以明白一个道理：即使是单个传感器也能够实现传感器融合。

也就是说，只要能够从单个传感器提取出不同类型的数据，再使用这些数据，便能进行传感器融合。典型的例子就是单目摄像头。对摄像头获得的图像数据进行各种图像处理，便可进一步获得多种数据。如图 1.2 所示，通过对图像数据进行深度学习，并利用学习结果进行物体识别，再通过运动图像处理提取光流，最后将这两者的数据进行合并，就可以知道物体是向哪一侧移动。

基于深度学习的物体识别

基于运动图像处理的光流提取

图 1.2　通过单个传感器实现的传感器数据融合

即使是 LiDAR 和无线电雷达，从传感器获得的数据也不仅是反射点的距离信息，还包括光和无线电的反射强度。于是，利用已知的反射率知识，就可以估计反射点的属性。

车道识别便是单个 LiDAR 的传感器数据融合的案例。LiDAR 发射的扇形光束在高度方向上分为若干层。假设在发射的数层扇形光束中，最下方的扇形光束投射到了地面上。那么，道路两端白线的反射光强度将远大于来自道路表面的反射光强度。

如图 1.3 所示，道路白线用的涂料中含有玻璃珠等材料，从而促进了光线的反射。到了夜晚，当白线被汽车的前照灯照亮时，如同逆反射材料一般清晰可见。如图 1.4 所示，容易反射前照灯可见光的材料，同样容易反射 LiDAR 的近红外光。这就是为什么从白线返回的反射光要远远强于白线之外的沥青表面。因此，如果将反射光强度与 LiDAR 的 3D 点云数据融合，就可以检测出道路白线，从而通过 LiDAR 识别车道。

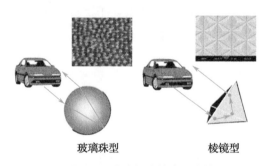

玻璃珠型　　　　　　棱镜型

图 1.3　道路白线的涂料特性

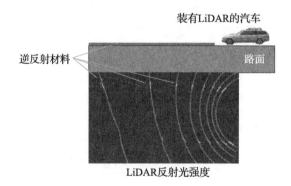

图 1.4　从路面的逆反射材料反射的 LiDAR 反射光强度

无线电雷达发射的光束并不锐利，所以很难像 LiDAR 那样识别车道。不过无线电波的反射率会受反射物体的介电常数影响，并且从金属表面获得的反射强度较高，因此可以用来检测汽车或护栏的金属表面。

仅使用单个无线电雷达的传感器数据融合不存在 LiDAR 那样利用反射光强度的案例。对于无线电雷达来说，通常使用反射点的相对速度。从无线电雷达提取反射点的距离信息是通过调频连续波（FMCW）方式来完成的。在 FMCW 方式下，发射波使用的是频率随时间变化的啁啾波，如图 1.5 所示。

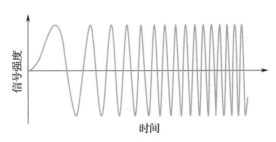

图 1.5　啁啾波（啁啾上升）

频率上升的情况称为啁啾上升，频率下降称为啁啾下降，无线电雷达总是发出啁啾上升和啁啾下降两种不断重复的发射波。当波长随时间变化时，接收波也成为啁啾信号。通过分析由发射波和接收波形成的拍频信号便可以计算距离信息。此外，由于反射点受多普勒位移的影响，因此，可以计算的不只是距离信息，还包括相对速度。

换句话说，无线电雷达可以同时输出反射点的距离信息和相对速度信息，并且可以很容易地将这些数据进行传感器数据融合。可以看出，该特性非常适合于自适应巡航控制（Adaptive Cruise Control，ACC）功能，ACC 功能被用于追踪前方车辆。

综上所述，在单个或两个传感器的传感器数据融合中，可以进行一对相同传感器或不同传感器的融合，见表 1.1。此外，考虑多个传感器数据融合的话，就可以收集各种信息，见表 1.2。

表 1.1　一对相同传感器或不同传感器的融合

传感器	单目摄像头	立体摄像头	LiDAR	无线电雷达
单目摄像头	不同软件	立体距离和图像形态	LiDAR 距离和图像形态	雷达距离和图像形态
立体摄像头	立体距离和图像形态	不同软件	LiDAR 距离和立体形态	雷达距离和立体形态
LiDAR	LiDAR 和图像形态	雷达距离和立体形态	不同软件	雷达距离和 LiDAR 形态
无线电雷达	雷达距离和图像形态	雷达距离和立体形态	雷达距离和 LiDAR 形态	不同软件

表 1.2 多个传感器数据融合

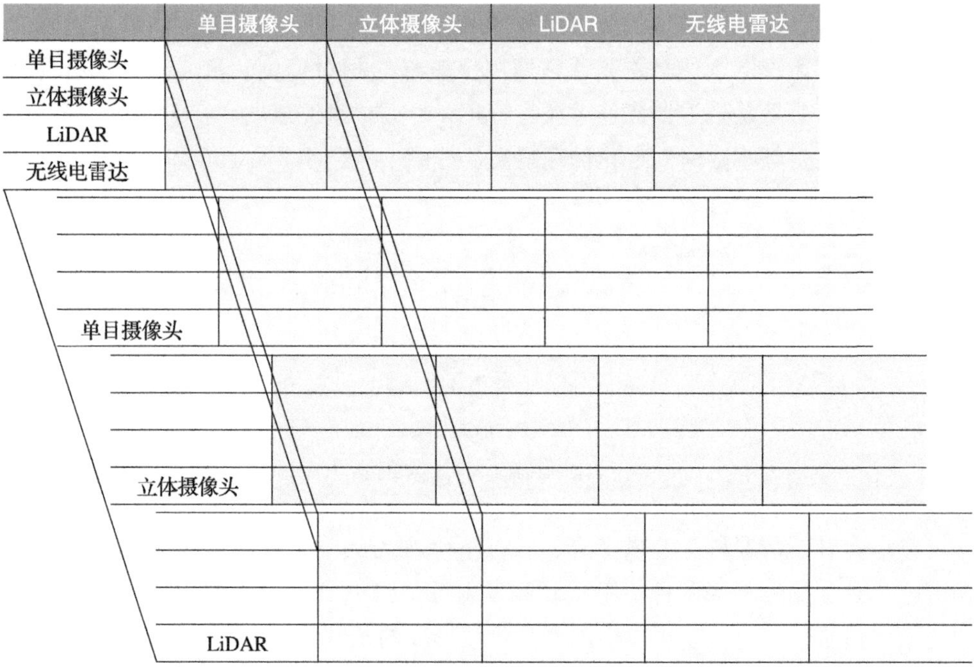

	单目摄像头	立体摄像头	LiDAR	无线电雷达
单目摄像头				
立体摄像头				
LiDAR				
无线电雷达				

单目摄像头			
立体摄像头			
LiDAR			

传感器数据的融合并没有什么特别的。这是我们人类一直在做的事情。人类的传感器官有眼、耳、鼻、舌、皮肤,这些器官分别产生了视觉、听觉、嗅觉、味觉、触觉(包括温感)功能。我们不断地将这五种感官信息进行着传感器数据融合。

举例来说,日本人看见由金枪鱼脂肪部位捏成的手握寿司,会通过视觉中的红色和白色来判断这是"由金枪鱼脂肪部位捏成的手握寿司"。同时,他们会联想到金枪鱼脂肪部位的味道、拿在手中的触感、重量、温感和气味。有些人还会联想到寿司店热情的欢迎声。如图 1.6 所示,对寿司的记忆其实是将视觉、味觉、触觉、嗅觉这些数据予以融合的产物,而有的人还会将听觉数据也融合进来。当人类需要识别事物时,就会和已经融合的数据进行对比。不仅是寿司,大多数事物都并非由单个传感器的数据构成,而是由多个传感器数据融合、记忆的产物,在进行识别时会运用已经融合后的数据。

当然,利用单个数据也可以进行识别。人们只要看到寿司照片,也可以只凭视觉就能认出来。

那么使用单个数据识别是否存在问题呢?通过寿司照片识别寿司时,可能会让人觉得缺乏真实感。由于只是通过视觉信息识别,所以缺乏味觉、触觉和嗅觉,从而缺乏真实性。这种问题看起来似乎不值一提,然而对于某些识别对象来说,就会出现问题。

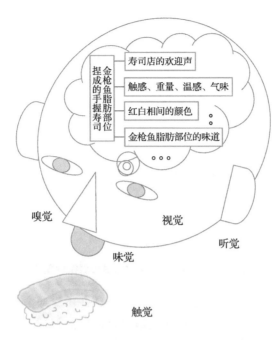

图1.6　金枪鱼脂肪部位的识别情况

作者是指视频会议这一类在线会议。比如，在线会议由于缺乏真实性，往往很难留下深刻记忆，又比如专注于听的在线教学会比面对面讲课更容易使人疲倦。其原因在于，会议和上课其实是一种沟通，原本的沟通需要调动人的五官，现在却只剩下了视觉和听觉。沟通可不只是视觉和听觉，甚至还包括现场空气（气氛）的温感，因为这可以提高真实性和信息的精确度。此外，在线显示器的低分辨率和低质量的声音无法充分调动视觉和听觉。最终，由于缺乏真实感，当人们专注于在线会议时会感到疲倦。

可以这么说，通过传感器数据融合存储起来的内容应该由使用的所有传感器进行识别。当无法使用全部的传感器时，识别是不充分的。

人类在识别事物时，是将之作为知觉表征进行识别的。通过看寿司产生的寿司视觉信息、通过闻寿司香味产生的寿司嗅觉信息、通过品尝寿司产生的寿司味觉信息，这些信息汇聚成一个知觉表征来识别寿司。如果融合了多个传感器的信息，提供的信息将比单个传感器更多。因此，知觉表征可以由多个传感器进行识别，也可以由单个传感器进行识别。

人类的传感器数据融合被称为感觉统合，Albus 提出了对人类大脑的感觉统合进行分层感觉信息处理的结构模型[1]。如图 1.7 所示，视觉、听觉、嗅觉、味觉和触觉信息成为模块化结构，它们组成了多层级的网络并形成知觉表征。由于

Albus 的模型仅仅是一个概念，因此难以照搬过来作为传感器融合的模型。不过，我们可以以 Albus 模型为目标，使传感器融合的工程模型更加具体化。

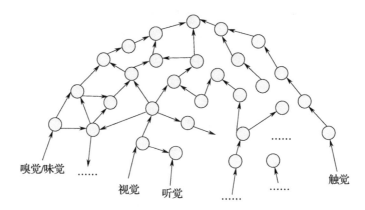

嗅觉/味觉　……　视觉　听觉　……　……　触觉

图 1.7　Albus 分层感觉信息处理结构模型

使模型具体化不仅要对传感器数据进行整合，还要考虑通过人类知觉表征获得的丰富信息，从而获取超出传感器数据组合之外的新信息。也就是说，需要开发一种传感器融合，就像立体摄像头那样，将作为 2D 信息的图像通过组合来获得 3D 信息。

参考文献

［1］J. S. Albus：gBrains, behavior, and robotics, McGraw-Hill, 1981

第 2 章

各传感器技术详情

　　人类的感觉器官都是被动传感器。被动传感器会接收并感知由感知目标本身发出的信息。不过，人类会为了仔细观察物体而靠近目标，或者为了感受物体的触觉而改变触摸位置，从这一点上说，人类的感觉器官也是主动传感器。但是，人类不会发出光或超声波并从其反射波中进行感知。

　　相对于被动传感器，我们把由传感器发出电磁波或声波，再由传感器接收并感知反射波的传感器类型称为主动传感器。人们都知道蝙蝠会发出超声波捕食昆虫，这便是主动感应的一个典型例子。自动驾驶所使用的摄像头、LiDAR、无线电雷达、超声波传感器中，摄像头为被动传感器，LiDAR、无线电雷达、超声波传感器为主动传感器。

　　包括人类在内的生物的外部传感器有许多被动传感器。因为如果以主动方式进行感知，会向外界敌人暴露自身的位置。

2.1 主动传感器

主动传感器发出的电磁波和声波特性不同，检测到的对象也不一样。也就是说，只有反射特定波长的电磁波或声波的物体才能被检测到。如果是无线电雷达，反射率取决于目标物体的介电常数。由于金属具有较高介电常数，所以会产生较强的反射波，因此容易被检测到，而非金属物体由于介电常数较低，反射波较弱，则不容易被检测到。

2.1.1 无线电雷达

由于无线电波具有比光波更长的波长，因此即使光发生了反射，无线电波也可能发生衍射。78 GHz 属于毫米波频段，毫米尺寸的物体不会发生反射。一般来讲，无线电雷达的空间分辨率不如 LiDAR，但这不仅是波长较长导致的。LiDAR 的空间分辨率更高，是因为它可以将发出的光束缩紧得更细更锐利。比如演示激光笔在远处也能精确地发射光束。但是，无线电雷达的发射天线仅为约 $10cm^2$，即使发射波可以被缩小，仍然会受制于天线尺寸。

能够将发射光束缩小多少也是主动传感器的一个特征。较粗的光束并非不好，只是因为，既然使用粗光束都能获得较强的反射波，那么其实早就已经知道有目标物体存在了。

无线电雷达模块框图如图 2.1 所示，车载毫米波雷达[1] 具有多个接收天线，并且边通过开关切换边以时分方式接收拍频信号。时分方式获得的接收信号形成波束，形成电子扫描。像这样，利用多个天线形成波束再以波束扫描的方式称为相控阵。

相控阵是指将多个天线元件在平面上排列成矩阵形状，并利用惠更斯 – 菲涅耳原理将每个元件发射的无线电波在空间中合成后，即可向任意方向放射。由于是通过控制各天线元件的馈电相位来改变发射方向，因此改变相位就可实现电子扫描。

如图 2.2 所示，利用惠更斯 – 菲涅耳原理，使电磁波的方向发生变化。图中使用了 No. 1、No. 2、No. 3 三个电磁波发生元件。

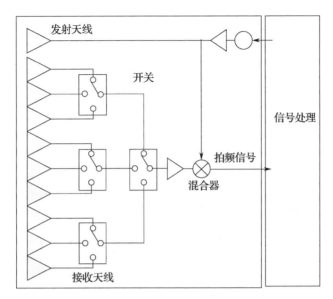

图 2.1　无线电雷达模块框图

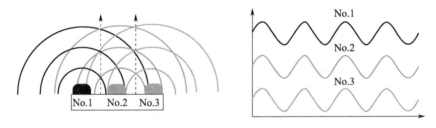

图 2.2　相控阵的原理示意图

当电磁波在同一点上产生时，将从产生点开始以球面形状扩散。假设在平面上以相等间隔安装 No.1 ~ No.3 元件，使之处于相同相位时，那么电磁波在各元件电磁波重叠的位置会增强，也就是在虚线方向上会增强。接下来，如图 2.3 所示，如果将 No.2、No.3 的相位从 No.1 开始错开相同距离，则虚线方向会变得弯曲。因此，如果将电磁波元件在同一二维平面上以相等的间隔排列，并且可以自由地控制所有元件的相位，就可以朝任意方向发射电磁波。

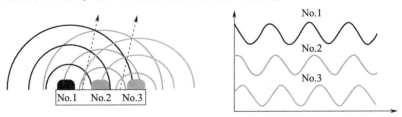

图 2.3　相控阵扫描原理图

车载无线电雷达和目标物体之间的距离测量方法一般采用 FMCW 方式（图 2.4）。现将 FMCW 方式介绍如下：

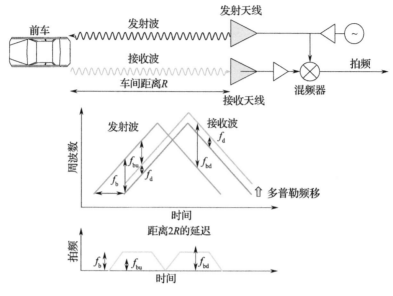

图 2.4　FMCW 方式

使发射电波的频率和时间成直线上升、下降关系，并发送电波。此时，发射波被前方物体反射，并且反射的电波比雷达和目标的距离 R 多出了往返距离 $2R$ 的时间延迟，反射电波被输入到接收器。在接收部位将接收波和发射波混合，提取出与距离 R 成比例的拍频信号。然后，对拍频信号进行 FFT 解析，通过峰值检测提取频率。同时，如果雷达和前方目标之间存在相对速度，反射的电波由于多普勒效应，其频率发生改变。结合上升区间的拍频 f_{bu} 和下降区间的拍频 f_{bd}，采用如下公式可求得与距离对应的频率 f_b 和与相对速度对应的频率 f_d。

$$f_b = (\; |f_{bu}| \; + \; |f_{bd}| \;)/2 \qquad\qquad (2-1)$$

$$f_d = (\; |f_{bu}| \; - \; |f_{bd}| \;)/2 \qquad\qquad (2-2)$$

利用该拍频信号进行物体识别。其主要是利用 A/D 转换器将拍频信号转换为数字信号，然后通过 FFT 执行频率转换，再在接收波的频率轴上检测峰值，从而检测出物体的存在，最后，检测出横向排列的多个频率的 FFT 峰值，将其作为物体的方位。

一般会从 FFT 结果提取多个频率对 (f_{bu}, f_{bd})，从方位的检测结果、上次的测量结果以及对结果的预测来判断出合适的 f_{bu}，f_{bd} 频率对，再根据该频率对计算距离和相对速度。

从传感器融合的观点来看，无线电雷达使用了多个单一传感器（天线），并实现了新的功能，因此可以认为电子扫描型无线电雷达是通过使用相同传感器实现的传感器融合。

2.1.2　LiDAR

在使用 LiDAR 的情况下，由于发射波是激光，因此它接收的反射波几乎来自人类所能看到的所有物体。虽然严格来讲，LiDAR 的激光是 900nm 波段的光，与人类的可见光波段不同，但反射特性没有显著差异。由于 LiDAR 发出的是细而尖锐的发射光束，因此空间分辨率高，并且可以提供点云数据，使人类在看到反射数据后能够直观地理解。这就好像，用于可见光范围的摄像头拍摄到的影像数据，对人们来说更容易理解。这两者道理是类似的。

LiDAR 是 Light Detection and Ranging 或 Laser Imaging Detection and Ranging 的缩写。前者和后者之间的最大区别是前者是光（Light），后者是激光（Laser）。

受激辐射的光放大效应（Light Amplification by Stimulated Emission of Radiation），简称激光，激光器是指产生激光的装置。激光是由激光器制造的人造光。人造光除了可见光，还有红外光和紫外光。激光与其他光的最大区别在于激光是相干光。相干光是指在单一频率下，光波的相位不因时间而发生改变的光。相干光在自然界中不存在。

由于分子和原子可吸收特定频率的电波，所以人们最初的想法是"只要提供了该频率的电波，就会发生共振，从而产生振荡"。接着，人们发明了通过共振产生微波的微波激射器（Microwave Amplification by Stimulated Emission of Radiation，Maser），进一步缩短了波长，此时得到的光就成了激光。

如图 2.5 所示，特定波长的光从激发状态返回到基态时释放了介质，在介质的两端反复发生反射时，相位和波形一起振荡，此时从半镜侧射出的光就是激光。此激光介质可以是固体、液体和气体，LiDAR 的介质使用了半导体。

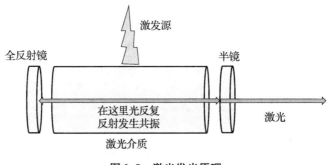

图 2.5　激光发光原理

半导体激光器的结构如图 2.6 所示。这种结构的激光器由于从端面发射激光，因此被称为端面射出型半导体激光器。

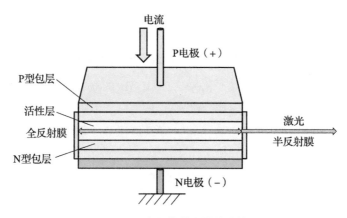

电流

P电极（+）

P型包层

活性层

全反射膜

N型包层

激光

半反射膜

N电极（-）

图 2.6　半导体激光器的结构

由于激光发光原理本身与 LED 相同，因此又被称为激光二极管（Laser Diode，LD）。最常用的是波长为 905nm 的近红外光。这种波长对人类不可见，并且属于视网膜的吸收波段，因此必须考虑对眼睛的危害性。已经商业化的 LiDAR 产品，由于满足了美国 ANSI 标准的 1 级标准，所以没有问题。不过，最好还是别去看本身属于不可见范围内的 LiDAR。

为了研究 LiDAR，还是了解一下激光对眼睛的危害性吧。因为激光属于单波长且具有很高的能量密度，如果用眼睛盯着看的话，光线会被眼睛的晶状体聚集，导致高密度的能量集中在视网膜的一个点上。

在车载 LiDAR 的测距（距离测量）方式中，通常根据飞行时间（Time of Flight，TOF）测量。该方式是通过投射脉冲状的激光，再接收几秒后从目标物体反射的光进行测量。投射时的脉冲上升时间通常为零点几纳秒至十纳秒，半高全宽为数纳秒至数十纳秒。因此，光接收装置需要具备数百兆赫兹的高速响应性能。此外，由于接收时的光会变得非常小，因此需要使用高灵敏度的光。

通过 TOF 测量以计算目标物体的距离。TOF 的测量原理是测量脉冲激光从投射到接收的时间。假设距离物体的距离为 R，时间为 t，光速为 c，那么

$$R = c\frac{t}{2} \tag{2-3}$$

因为测量的是往返时间，所以是 $t/2$。时间测量使用的是普通时钟。

测量时钟是以一定间隔不断重复的高电压和低电压脉冲，由于要测量光速，

因此必须具备超高频率的脉冲。假设光速约为 30 万 km/s，为了获得 0.1m 的距离分辨率，需要至少 1.5GHz 的时钟频率。如果是千兆赫兹级别的频率，就会达到最新款 CPU 的时钟数级别，那将十分昂贵。如果想进一步通过提高距离分辨率达到 0.01m 的高精度，那么在 15GHz 的条件下很难实现。因此，需要使用某种程度的高速时钟，在此基础上，再通过测量电容器的充电电荷量弥补测量低于时钟精度的那部分时间。

总之，使用这类的内插技术等手段，通过反复加法运算、测量也是可以估计出峰值的。使用这些技术，还可以实现最初需要 150GHz 时钟频率才能实现的距离分辨率 0.001m。

那么当使用 TOF 进行测距时，雨天和雪天环境下存在雨滴和雪花时，反射情况又会怎样呢？天气对 TOF 的影响如图 2.7 所示。

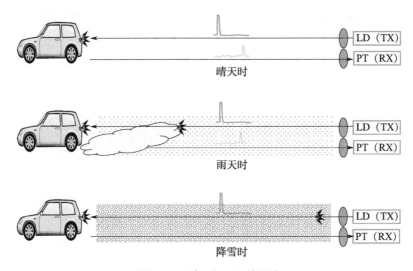

图 2.7　天气对 TOF 的影响

天气晴朗的情况下，当脉冲光反射被投射到目标物体上后，只要能接收到返回来的光就完全没有问题。如果是下雨天，来自雨滴的反射等级是微小的，从目标物体接收的反射光将比晴天略微衰减。

可是，在高速公路等环境下，前车会在路面上飞溅出水花。由于飞溅的水花是一大团水，投射出的激光将在该水花的后端发生反射。这将导致测出的距离有时比实际车距短数米乃至数十米。不过，车辆在穿过飞溅水花时反射光也在持续返回，因此只要多次测量 TOF，也可以正确地测量车辆之间的距离。

在降雪的天气下，光会反射到雪粒上，因此很难一次性测量其与目标物体的距离。不过，只要进行多次测量，还是可以接收到达目标物体而没有到达雪粒的反射光。

一般认为 LiDAR 易受恶劣天气影响，并不是因为空气中的雨滴和雪花，而是由于在不同的安装状态下，雨滴附着在塔体透镜上造成光束散射，当雪花附着时将导致蒙眼效应。

当雨滴附着在 LiDAR 的镜头上时，雨滴本身也会成为镜头的一部分，影响激光束的锐度，从而导致光线的方向发生变化。根本的解决方法是安装一个擦除雨滴的装置。

车载 LiDAR 的安装位置一般为格栅或保险杠，不适合设置擦除雨滴的装置。为此，人们发明了一种将其安装在车内，并从风窗玻璃（前玻璃）的擦拭区域投射光线的方法。采用该方法，降雪时 LiDAR 也能够发挥作用，几乎不会再受天气条件的影响。此外，安装在车顶上的头部旋转型 LiDAR，雨点和雪花会因旋转而被吹走，因此也没有问题。雪中自动驾驶演示就使用了头部旋转型的 LiDAR。但是，头部也被过滤器覆盖并固定的类型则不属于此类。

LiDAR 的问题在于雾天，雾天时，人的视野也会被遮挡。在可见光被遮挡的雾中，905nm 的近红外也会发生很大的衰减，从而无法使用。

如果能够利用 TOF 进行测距，则下一步是对投射光束进行扫描，并进行大范围的测量。通过旋转反射镜可以很容易地进行激光扫描。通过一定方向地扫描呈扇形扩展的光束称为扇形光束。顺便说一下，如果在正交的两个方向上进行扫描，则构成立体扩展的锥形光束。

谷歌在刚开始开发自动驾驶时使用的是 Velodyne 公司制造的 LiDAR，这是使用 360°马达让装置主体旋转并扫描的方式，因此被安装在汽车车顶上。

该扫描方式被称为头部旋转型，它能够进行 360°全方位的扫描。该方式最初始于 Velodyne 公司，该公司的 HDL64E（图 2.8）问世时就利用 64 个激光二极管将 64 个激光束向四周照射，成为后来用于自动驾驶汽车的 LiDAR 标准[2]。

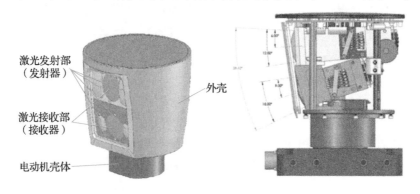

图 2.8　HDL64E

一直以来，Velodyne 公司的头部旋转型 LiDAR（图 2.9）产品系列使用 64、32、16 个激光二极管，并依次变小。

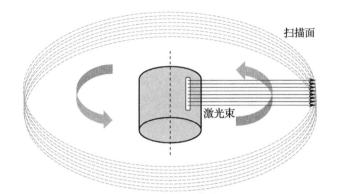

图 2.9　Velodyne 公司的头部旋转型 LiDAR

最近，该公司将使用 64 个激光二极管的型号变得更小，并且使用了 128 个激光二极管的类型也已经开始发售，该产品以高分辨率为目标，测量距离从原来的 100m 提升至 250m，具备较高性能。

图 2.10 所示是通过 LiDAR 获得点云数据的一个例子。虽然这是仅仅使用 16 个激光二极管的简化版（VLP16）获得的点云，但也不难看出，通过点云，很容易就能掌握校园的整体布局。

图 2.10　通过 LiDAR 获得点云数据

能够生成具有高空间分辨率的点云是 LiDAR 的最大优点。LiDAR 用于高级自动驾驶的原因就在于该特性。也就是说，LiDAR 可以将自身车辆周围的环境变换为具有高空间分辨率的点云，并且使用该点云来估计自身车辆的位置。虽然通常使用 GPS 来估计自身车辆位置，但在楼群间等多通道影响严重的地方或在隧道中行驶时使用 GPS 时较为困难，能够使用车辆自身的传感器对车辆位置的推测来说非常有帮助。

因为其空间分辨率高，所以会受雨雪影响，这是 LiDAR 的缺点。这可以说是无线电雷达在驾驶辅助系统中占主导地位的原因之一。

从传感器融合的观点来看，LiDAR 由于通过使用多对由激光二极管和光电二极管组成的传感器来实现高密度点云，因此可以视作使用相同传感器实现的传感器融合。

2.1.3 超声波传感器

相对于无线电雷达和 LiDAR 收发电磁波，超声波传感器是收发声波的主动传感器。因此，与电磁波相比，它具有相当短的测距性能。相对于无线电雷达和 LiDAR 100～250m 的测距性能，超声波传感器仅为几米。因此，其用途仅限于在停车时监控车辆周围。

超声波传感器与 LiDAR 类似，发送脉冲状的超声波，接收其反射声并用 TOF 测量到物体的距离。当光变成声波时，即使测距原理相同，情况也会发生许多改变。

由于声波是以空气为介质进行传播的纵波（粗密波），空气密度低，所以检测距离非常短。最大检测距离一般只有几米。

超声波的收发使用陶瓷压电元件。利用在陶瓷上施加电压时，陶瓷产生变形的性质来产生超声波，并利用在陶瓷发生变形时产生电压的性质来接收超声波。图 2.11 所示是超声波传感器的信号收发原理。使用的声波在 20000Hz 以上（通常为 40000Hz），超出人类听觉范围。声波频率越高，其方向性就越尖锐，因此也可以在某种程度上传输到目标位置。尽管如此，其也不能像 LiDAR 那样缩小传输波范围，而是在某种程度上被传输到更广的范围。

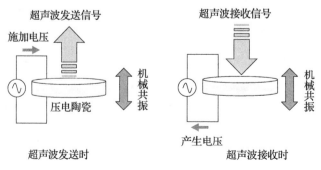

图 2.11 超声波传感器的信号收发原理

与此前介绍的传感器相比，其成本非常低廉、体积又小，因此可配置多个超声波传感器。例如，如果在整个车辆周围配置超声波传感器，就可以在数米内检测到障碍物。

超声波传感器除检测距离短外，还必须注意其只能在低速行驶时使用。由于是利用声波进行检测，高速行驶时噪声会变大，所以不能使用。

超声波传感器只能在低速行驶时使用，检测距离又短，按这样的特性，似乎没有可以应用的情景。不过，在停车时车辆是低速行驶的，障碍物检测距离最大数米即可，因此它适用于辅助停车。在停车时，有时必须看到车辆周围所有离车较近的地方，配置在整个车辆周围的超声波传感器非常好用。安装在车顶的LiDAR，对于车辆周围的数米范围内的障碍物无法进行检测的。而对于无线电雷达来说，由于无法及时处理太近的距离检测，所以近距离属于盲区。采用摄像头也可以看到近的地方，但是，很难在白天黑夜都稳定地进行观察，因此，可以说超声波传感器最适用于停车辅助的近距离检测。

另外，由于在行驶过程中会产生风噪声，因此超声波传感器仅限于低速时使用，适用于停车辅助。超声波传感器最大的优点是成本较低。因此，可以根据需要使用多个传感器。例如，可根据车辆四角（前后左右）和监控区域的需要配置相应的传感器数量。由于超声波传感器监控的区域仅限于车辆周围，因此传感器融合通常只在超声波传感器之间进行。不过，由于用于倒车辅助的后置摄像头和用于后方障碍物检测的超声波传感器在监控区域和用途上相同，因此也能实现这一类传感器融合。同样的，还可以考虑环视监控器和用于周围监控的超声波传感器之间进行传感器融合。

从传感器融合的观点来看超声波传感器，由于倒车辅助系统和停车辅助系统适用多个超声波传感器，因此可以视作使用相同传感器的传感器融合。

2.2　被动传感器

通过摄像头识别物体基本上都是被动方式。但是，即使使用摄像头，如果是与光线投射相组合的，那么也属于主动方式。假设投射闪光灯这样的强光，并且和未投射光线时的图像进行比较来进行物体识别，这属于最简单的摄像头主动方式。

如果缩小要投射的光束，由点向环境中进行投射，则可以利用三角测距原理来实现投光点的测距。将该思路进行延伸，也可以通过投射形态光来增加测距点的数量，或者通过一次成像而不是点来获得目标物体的表面信息。当缩小光束或投射形态光时，由于激光比普通光更能缩小光束，因此多使用激光。但是，即使使用激光，这些方法通常也明显区别于 LiDAR。

即使使用摄像头，但如果是依赖光线投射的主动方式，也会像无线电雷达和 LiDAR 一样受限于可检测的目标物体。这是因为投射的光线无法检测那些表面不发生反射的物体。

2.2.1 单目摄像头

被动方式的优点在于不需要发送任何内容，因此可以将资源集中于接收端。可见光的被动传感器（摄像头）利用镜头将目标场景在受光面上成像，并利用多个受光传感器对受光面进行二维排列。通过将受光侧设置为正方形阵列，可以实现易于在计算机中处理的结构。图像被均等地分割成垂直和水平的二维排列，可以直接存储在程序的二维数组中。单目摄像头的坐标系如图 2.12 所示。

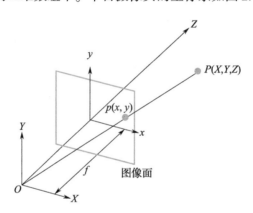

图 2.12　单目摄像头的坐标系

由于现实世界三维坐标系中的 X、Y、Z 信息被拍摄至图像面的二维坐标系 x、y 上，因此丢失了距离信息。可以假设有一针孔透镜，则焦距 f 可以认为是现实世界坐标系的原点与图像面之间的设定距离。

虽然将一个像素视为正方形，有利于垂直和水平的二维计算，但是在考虑对角线位置的相邻像素时会出现问题。假设一个正方形像素的边长为 1，那么上下左右的相邻像素之间距离为 1，倒也没问题。只是，它和对角线相邻像素之间的距离就会变为 $\sqrt{2}$，约是前一种情况的 1.4 倍。因此，即使拍摄相同的目标物体，如果将目标物体围绕摄像头光轴旋转 45°或者以相同的方式将摄像头旋转 45°，则严格来讲，会变成不同的图像。

这种现象类似于将模拟数据转换为数字数据时的舍入误差问题。因此，从本质上讲，这个问题并不妨碍图像处理。

由于摄像头的受光元件是正方形格子，所以存在另一个较大的矛盾之处，我们来了解一下吧。矛盾之处就在于所关注像素相邻的像素定义。为了定义像素的邻接，如图 2.13 所示，有 4 邻接和 8 邻接。4 邻接的定义是所关注像素的上下左右 4 个像素相邻连接，8 邻接的定义是在 4 邻接的 4 个像素基础上加上 4 个对角线像素的 8 个像素相邻连接。

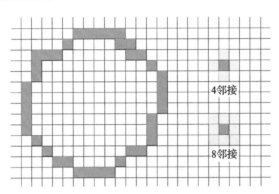

图 2.13　邻接的定义

在这里，让我们试着考虑在白色背景上用一条线宽为 1 个像素的线绘制一个圆，并将圆的内侧和外侧进行分离。按照 4 邻接来观察圆的连接状态，即使线有一部分是斜着连接的，也不能判断线是连上的，因此圆的内侧和外侧必须在该部分连接。但是，由于背景的内侧和外侧是由斜对角的像素连接的，因此按照 4 邻接的定义，内侧和外侧是无法连接的。也就是说，按照 4 邻接无法将圆的内侧和外侧进行分离。因此，是不是如果不是 8 邻接，就不能分离呢，其实这也会产生矛盾。试着观察斜向连接，如果圆的线是斜向连接的，并且背景也是内侧和外侧斜向连接的话，就会发生矛盾。也就是说，无论是 4 邻接还是 8 邻接，都不能统一地将背景的内侧和外侧进行分离。这就需要想办法针对线的连接采用 8 邻接，针对背景部分的连接采用 4 邻接。

从传感器融合的观点来看单目摄像头，单目摄像头可适用于各种融合。它可以用作主动传感器的补充，也可以使用多个单目摄像头组成立体摄像头。另外，利用单目摄像头丰富的软件资源，从多方面对同一图像进行解释并进行数据融合也是常见的做法。

2.2.2　立体摄像头

立体摄像头也采用被动方式。立体摄像头从一开始就以将两个以上相同的单目摄像头的图像数据融合作为前提。人类也是通过双目发现立体对来获得与目标物体的距离感。不过，对于人类来说，不是努力去发现双目的立体对，而是即使无意识的，也能通过自动工作的大脑功能来实现立体对匹配。

在图 2.14 的立体摄像头坐标系中，在目标物体点 P 的左右图像中，当拍摄到的点 P_R 与 P_L 实现匹配时，设各个图像坐标值的关系为以下公式。

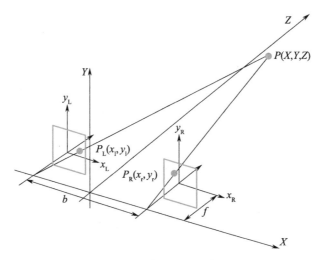

图 2.14 立体摄像头坐标系

$$x_R - x_L = d \tag{2-4}$$
$$y_R = y_L \tag{2-5}$$

由于左右摄像头是平行设置的，因此 y 坐标值是相同的，只有与到物体距离成反比的左右 x 坐标值不同。将左右 x 坐标值之间的这个差即式（2-4）的值 d 称为视差。这样的话，根据三角测距的原理，点 P 的距离 Z 由以下公式求得。

$$Z = bf/d \tag{2-6}$$

式中，b 是左右摄像头光轴的距离，单位为 mm；f 是左右摄像头的焦距，单位为 mm。

如果说立体摄像头是将人类获得距离感的方式原封不动地人工化的话，那其实又并非如此。如果是人类，除了匹配双目的立体对之外，还具备获得距离感的手段。首先，从生理结构上看，眼睛的焦点会根据目标物体的距离自动调节，并且由于视网膜是由眼球周围的肌肉进行调节的，因此通过这些肌肉的感觉可以获得距离感。其次，当注视着目标物体时，由于双目的光轴是朝向目标物体的，因此距离越近的物体，双目的光轴角度越大。换句话说，会聚角变大（更靠近眼睛）的话，就能够通过该感觉获得距离感，并且还能够通过所掌握的目标物体的知识，根据看到的大小来获得距离感。最后，还可以根据距离越远空间频率越低（变得朦胧模糊）的现象来获得距离感，或者随着大地的纹理变远，密度变得越高（与刚才相反，空间频率变高）来获得距离感。

人类是通过对 6 个数据（包括双目立体摄像头这一传感器融合在内）进行传感器融合来获得距离感的。可以说立体摄像头仍有改进的余地。

立体摄像头由两个单目摄像头构成，因此也可以用单目摄像头进行图像处理。可以将立体摄像头获得的距离信息与单目摄像头的图像处理进行融合。下面介绍一个已经实践过的立体摄像头内的融合案例[3]。

1. 研究背景

在汽车交通领域，随着佩戴安全带、搭载安全气囊和引入减振车身结构等方法应用于汽车中，近年来死亡人数已减少到 4000 人左右[4-5]。但是，交通事故的数量仍然较多。今后，为了进一步减少交通事故的发生，需要减少由驾驶员对其他车辆、行人的认知延迟等原因引起的事故[6]。本书以自动驾驶为主题的目的之一就是希望通过自动驾驶完全消除驾驶员的认知错误。即使不是全自动驾驶，使用了部分自动驾驶功能的驾驶辅助系统也具有减少事故的效果，因此应该对外部传感器的性能改进予以关注。

近年来，随着驾驶辅助系统的发展，已经出现了诸如碰撞损伤减轻制动和自适应巡航控制等系统[7]。这些系统对周围环境进行识别并为驾驶员提供驾驶辅助。此外，作为在自动驾驶中使用的传感器，提高这些以识别环境为目的的传感器性能和可靠性十分重要。

为了提高传感器的识别率，已经提出了多种传感器融合方法[8]。通过使用多个传感器，可以利用从各个传感器获得的信息来获得单一传感器无法获得的信息。由于传感器融合能够只需要将各有缺点的单个设备的优点进行组合即可综合提高传感器性能，因此它是自动驾驶技术实现实用化的重要技术。但是，如果安装多个传感器，则成本就会增加。另外，在进行传感器融合时，虽然是将从传感器获得的信息进行组合后使用，但是进行组合时并不存在明确的指标。

因此，在本研究中，将立体摄像头能够实现的各种功能视为独立的传感器，为了将这些传感器进行融合并用于检测自身车辆的车道和前方车辆，给出了建议的融合指标（可靠性），以尝试提高检测率。

2. 使用的立体摄像头

立体摄像头拥有两个摄像头镜头，其基本功能是通过求出从左右摄像头获得的图像视差，来求出与目标物体的距离。图 2.15 所示是本研究中使用的立体摄像头。从基本规格上说，该立体摄像头是将分辨率为 $640 \times 480(W \times H)$ 像素的普通

CMOS 单目摄像头以基线长 350mm 进行立体化的设备。

图 2.15　本研究中使用的立体摄像头

3. 距离的求法

为了获得视差，需要在左右图像中检查相同点 P 出现在哪个位置。因此，进行匹配，求出各点的视差。

如果已知三维空间中的点 P 出现在左侧图像中的 (x_1, y_1) 和右侧图像中的 (x_r, y_r)，则可以使用式（2-6）求出距离。现在，以一个图像为基准，通过另一图像求出与某一像素相对应的像素。如图 2.16 所示，确定好包含左图像目标像素的块，并且在右图像上将块左右移动，同时对两个块进行匹配。在实际图像中，左右的点 p 高度是相同的。另外，由于 x_r 的位置肯定投影在 x_1 的位置的左侧，因此只要将块向左移动进行块匹配就可以了。判断块是否匹配的方法是在两个块之间使用差分总和。差分总和的公式见式（2-7）。求出差分总和 D_{diff} 的值在变得最小时的移动量 dx，将其作为视差。

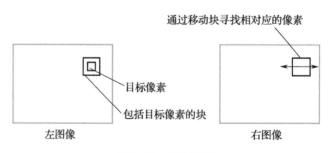

图 2.16　块的匹配

$$D_{diff} = \sum_i \sum_j \sqrt{\{f_1(x_i, y_j) - f_r(x_i + dx, y_j)\}^2} \qquad (2-7)$$

原图像如图 2.17 所示，实际用于求距离的图像如图 2.18 所示。距离图像通常使用浓淡或色相、彩度表示距离，图 2.18 是用浓淡表示距离的距离图像。

图 2.17　原图像

图 2.18　实际用于求距离的图像

由于进行匹配时，是在水平方向上移动块的，因此对于在水平方向上以相同特征持续的部分很难正确地求出距离。另外，通常情况下，在室外得到的浓淡图像，由于太阳光等会在车辆车身面上发生反射，因此无法准确地求出与车辆之间的距离。

通过使用进行了微分处理以强调车辆和背景边界的边缘图像，来控制太阳光等造成的反射影响。而且，由于该微分图像仅通过水平方向的边缘来生成，因此与通常使用的图像相比，可大幅缩短计算时间。但是，由于无法表示出车辆车顶部分等的水平特征，因此也产生了无法计算水平特征距离的问题。

另外，如图 2.19 所示，如果图像上的物体与其他物体重合，那么有时会发生错误匹配。在这种情况下，无法计算准确的距离，从而影响检测结果。

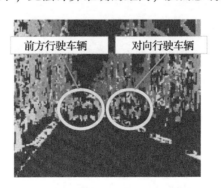
图 2.19　前方行驶车辆与对向行驶车辆

4. 本研究中的置信度

将用于立体摄像头的左右单目摄像头分别视为独立单目摄像头，采用单目摄像头图像和立体摄像头所获取的距离图像，换言之，采用单目摄像头图像处理与距离图像相融合的方法进行图像处理。用两种方法检测后分别求出置信度。置信度是证明所得结果可信程度的指标，基于单目摄像头图像与立体摄像头图像二者所得结果算出。如图2.20所示，比较二者的置信度后，采用置信度较高方法所得的结果。

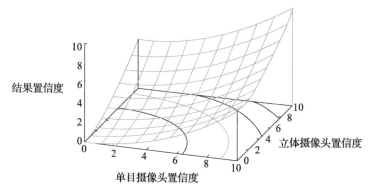

图2.20　单目摄像头与立体摄像头的置信度结果

同时，所选结果的置信度也要根据两种方法的置信度，按照式（2-8）进行计算。如果两种方法的结果置信度均较高，则认为所选结果检测精准。但是如果使用某一种方法得到的结果置信度较高，而另一种方法的结果置信度较低，则整体置信度也会随之降低。

$$置信度 = \frac{单目摄像头置信度^2 + 立体摄像头置信度^2}{200} \tag{2-8}$$

5. 立体摄像头的置信度

对于立体摄像头，则在左右图像中确定像素块，像素块中包含需要求出距离的像素，再求出左右像素块中的像素差分总和，将差分总和最小的位置作为视差。图2.21a为块移动量-差分总和曲线，以块移动量为横轴，以差分总和为纵轴。将该曲线图中差分总和最小的块移动量作为视差代入式（2-6）中的 d，即可求出距离。但是如图2.21b所示，当图像中的物体与其他物体重叠时，有时会出现两个极小值。此种情况下，真正的对应点可能并非最小值。此外，如图2.21c所示，最小值附近存在多个近似值的情况下，也有可能导致真正的对应点并非最小值。此种情况下，所求出的视差很大概率是错误的，置信度较低。因此需要根据极小值的数量以及最小值近似点的数量、具体有多少个最小值等信息，确定使用式（2-9）计算出的距离置信度。

$$置信度 = \frac{100 - 5 \times 最小值近似点的数量}{极小值数量} \tag{2-9}$$

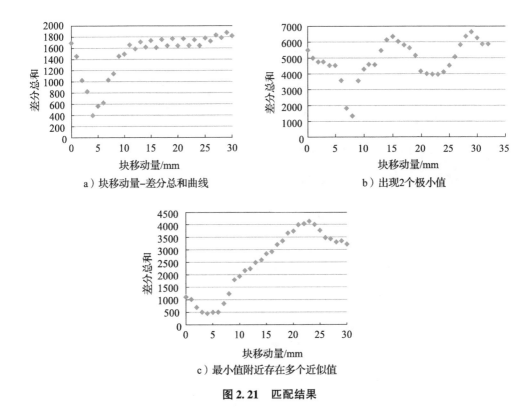

a）块移动量–差分总和曲线

b）出现2个极小值

c）最小值附近存在多个近似值

图 2.21　匹配结果

6. 单目摄像头车辆检测

本研究使用从立体摄像头中的其中一个摄像头获取的图像。图像中存在多个颜色、亮度变化较大部位以及物体轮廓的边缘。对图像使用像 Sobel 这样的微分滤波器，即可求出提取了边缘后的图像。接下来再利用该边缘图像检测出目标。

首先，要检测车辆的水平方向位置，就需要切取所检测出的车道区域。车道的检测方法将在后面详述。对切取出的图像使用 Sobel 滤波器，生成边缘图像。然后再根据边缘图像生成边缘直方图[9]。

将各列或各行的边缘数制成直方图，即可获得边缘直方图。在边缘图像中，对存在于某一列中的边缘数进行计数，在另一图像的对应列中用 y 坐标表示边缘数。如图 2.22 所示，对边缘图像中的所有列进行该操作，即可生成边缘直方图。如将列置换为行、将 y 坐标替换为 x 坐标，则可根据图像中的水平方向特征来生成边缘直方图。

车辆的两端包含大量垂直方向的直线，因此可从边缘直方图中选择两个峰值，作为车辆的两端。接下来，为检测车辆的垂直方向位置，在车辆两端位置切取出图像，使用 Sobel 滤波，生成边缘直方图。选择两个峰值作为车辆的两端。利用这些边缘直方图的峰值来检测车辆。

边缘数计数

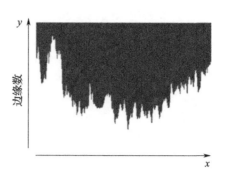

图 2.22　边缘直方图

接下来求出所检测结果的置信度。在边缘直方图中，峰值出现在车辆的轮廓部分。该峰值越明显，所选择的峰值就越有可能是车辆的轮廓。使用式（2 – 10）求出所检测车辆的置信度。

$$置信度 = \frac{峰值 \times 平均值}{峰值} \times 纵横比 \times 100 \qquad (2 - 10)$$

7. 立体摄像头车辆检测

使用距离图像检测前方车辆。由于自身车辆和前方行驶车辆的车身背后任何位置之间的距离都大致相同，因此如图 2.23b 所示，距离图像中距离值相同的车

a）原始图像　　　　　　　　　　　　b）距离图像

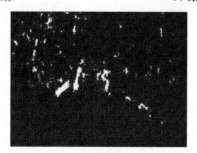

c）边缘图像

图 2.23　基于立体图像进行边缘检测

辆像素较为密集。将这些像素作为同一个区域进行整合。由于生成距离图像时仅需使用车辆的水平方向边缘，在边缘图像中仅展现图像中的垂直方向特征，因此选择在车辆两端生成此区域。然而这种特征在车辆区域外也存在，所以在其他位置也会出现这种区域。

车身背面的高度与宽度之比，即长宽比接近 1。因此需要从距离图像中选择长宽比接近 1 的两个区域作为车辆区域。由于车辆区域内的像素分别具有不同的像素距离置信度，因此将这些置信度的平均值作为所检测结果的置信度。

8. 单目摄像头车道检测

在车道检测过程中，"哈夫变换"是检测直线的方法之一。通过对图像使用哈夫变换来检测白线，并将其视为车道。首先来解释什么是哈夫变换。

由于直线可以视为点的集合体，先考察直线 $y = ax + b$ 上的点 $d_i(x_i, y_i)$。从直线上引一条长度为 ρ' 的垂线，设垂线与 x 轴所成的角为 θ'，则计算 ρ' 的公式见式（2-11）。

$$\rho' = x_i \cos \theta' + y_i \sin \theta' \tag{2-11}$$

该公式以图像中的 $x - y$ 平面上的 x_i 和 y_i 为变量。接下来以 ρ' 和 θ' 为变量，考虑 $\rho - \theta$ 平面，此时可以用曲线方程式来表示该平面。将直线上的点从 $x - y$ 平面转换至 $\rho - \theta$ 平面的方法即哈夫变换。如对直线上的点进行哈夫变换，则 $\rho - \theta$ 平面的曲线在某一点（ρ'，θ'）相交，如将 ρ'、θ' 参数恢复至 $x - y$ 平面，也就是进行哈夫变换的逆向变换（即逆哈夫变换），则可确定直线 $y = ax + b$。如对图像进行哈夫变换，则将变换为哈夫空间图像。将该图像中投票数较高的（ρ'，θ'）代入式（2-11）中，即可求出 $x - y$ 平面上的直线公式，如图 2.24 所示。

对图像使用 Sobel 滤波器再进行微分，即可生成边缘图像。对该边缘图像进行哈夫变换，即可检测图像中的白线并将其作为车道。图像中的白线在一定程度上受角度限制，因此可以将角度和投票数的阈值加入条件内，以减小检测误差。此外，图像中的车道始终在图像的下方，因此仅需在图像的下方进行哈夫变换。

接下来求出检测结果的置信度。图像中的车道位置几乎相同，看起来也基本一样，因此哈夫空间图像中车道部分的投票数几乎相同，不受图像影响。将该投票数与哈夫空间图像的较大值进行比较，即可求出车道的置信度。用式（2-11）可求出单目摄像头检测车道时的置信度。式（2-12）中的 A 为已提前求出的哈夫空间图像车道值。

$$置信度 = \frac{A - |A - 投票数|}{A} \tag{2-12}$$

9. 立体摄像头车道检测

首先根据立体摄像头所处的位置、安装姿势来计算路面方程[10]。

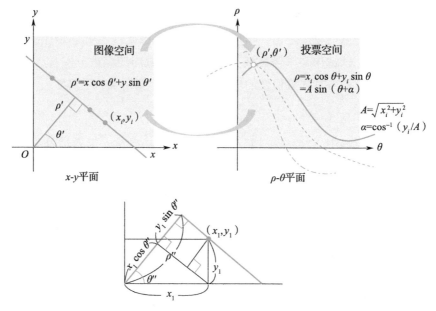

图 2.24　哈夫变换的原理

事实上图像的上方不存在车道，所以不纳入检测范围内。对于距离图像中的各点上，判定该点是否满足路面方程。仅取出满足方程式的点，对该图像进行哈夫变换检测出白线，并将其作为车道。车道像素的像素距离置信度各不相同，所以它们的置信度平均值为所检测结果的置信度。

10. 实验概要

假设实验情景为汽车在道路上停车。

本研究中使用的立体摄像头如图 2.15 所示，单目摄像头规格见表 2.1。帧的切换间隔时间为 $\frac{1}{30}$s，摄像头的高度为距地面 1m。

表 2.1　单目摄像头规格

项目	参数
有效像素	0.307 兆像素
图像分辨率	640×480 像素
摄像传感器	1/2.3 型 CMOS 全部像素为 16.79 兆像素

11. 实验结果

使用立体摄像头对实际拍摄到的视频进行处理，采用本方法进行了车道和车辆检测，计算出单目摄像头、立体摄像头，以及此方法结果的置信度，并展示了实际应用本方法所获得的结果。图 2.25 为车辆检测结果，图 2.26 为车道检测结果。

a）立体摄像头的前方车辆检测结果　　　b）单目摄像头的前方车辆检测结果

c）基于融合方法的前方车辆检测结果

图 2.25　车辆检测结果

a）由立体摄像头进行车道检测的结果　　　b）由单目摄像头进行车道检测的结果

c）基于融合方法的车道检测结果

图 2.26　车道检测结果

12. 考察

图 2.27 为车辆检测率，图 2.28 为车道检测率。本实验是在前方行驶车辆与其他车辆等重叠的情况下进行，因此错误匹配较多，无法精准求出距离，导致立体摄像头的检测成功率较低。

图 2.27　车辆检测率

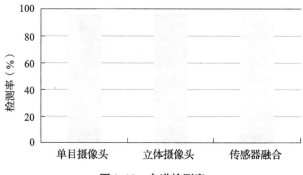

图 2.28　车道检测率

对于单目摄像头来说，即使在前方行驶车辆与其他物体重叠的情况下，检测率也基本与无重叠的情况相同。因此在单目摄像头可检测而立体摄像头不可检测的情况下，选择了单目摄像头的检测结果，从而使检测率有所提高。

在车道检测中，检测率则几乎没有波动。应该是由于白线未与其他物体重合，未发生错误匹配，因此立体摄像头的检测率未下降。

本方法的车道检测方法为先检测白线，再将检测到的白线视为车道，而且在单目摄像头的车辆检测中用到了车道信息，预计在无白线或无中央线的道路上难以检测车道和车辆。因此有必要研究其他算法比如利用路缘石或对向车道的白线来检测车道。

本研究中仅在立体摄像头的检测中使用了距离信息。立体摄像头需要通过匹配来求出距离，而距离越远，视差越小，所以难以精准计算距离。而单目摄像头的求距离方法之一，是根据图像中的车辆位置和摄像头位置来计算距离。在这种方法下，只要能正确检测车辆的位置，就能计算出与车辆之间的距离，因此可检测距离比立体摄像头更长。

本研究中根据边缘直方图的峰值和长宽比，计算出单目摄像头车辆检测的置信度。车身的颜色种类一般不多，有复杂图案的乘用车较为少见，因此计算置信度时考虑车身背部颜色信息的分散因素，即可求出更精准的置信度。

13. 总结

本研究中给出了仅使用立体摄像头的方法以控制成本从而实现传感器融合，以及传感器信息的组合指标。立体摄像头可以检测出车辆与物体之间距离，不过还存在一个问题：使用匹配求出距离时需要在基线长度方向上进行匹配，所以难以捕捉到像素值变化，导致其难以捕捉与基线长度方向平行的特征。

本方案方法则从立体摄像头获取正常图像和距离图像，使用单目摄像头与立体摄像头的方法来识别前方行驶车辆以及本车辆所行驶的车道。然后再分别计算单目摄像头方法和立体摄像头方法的置信度。置信度是判断所得结果可信程度的指标。比较单目摄像头和立体摄像头的置信度，采用置信度较高的结果。

根据检测对象被检测时在图像中的特征来计算置信度。该指标为特征的明显度，该数值越高，特征越明显，也就越能精准检测出对象。此外，从两个结果中所选择的可信程度如何，也要根据两个结果的置信度来进行计算。

在立体摄像头的情况下利用了块匹配时左右块差分总和的变化。为了移动块来计算差分总和，只要将横轴作为块移动量，将纵轴作为差分总和来生成图表，在正确地匹配成功后即可清晰地展现最小值。由此根据极小值的数量以及最小值附近的值计算出置信度。

在用单目摄像头检测车辆时需要用到车辆轮廓边缘成分，因此生成了边缘直方图。在边缘直方图中，峰值出现在车辆的轮廓部分，故通过比较峰值与其他平均值，计算出置信度。

在检测车道时使用了哈夫变换。由于图像中的车道位置几乎相同，看起来也几乎一样，因此哈夫空间图像中车道部分的投票数几乎相同，不受图像影响。将该投票数与哈夫空间图像的较大值进行比较，即可求出车道的置信度。

在实际道路上拍摄视频进行了实验，结果确认车辆检测率有所提高。而在车道检测成功率方面，对单目摄像头和立体摄像头进行了比较，也基本没有区别。其原因可能是：白线未与其他物体重合，未发生错误匹配，所以立体摄像头检测率没有降低，两者没有区别。

14. 今后有待解决的课题

本研究今后还有进一步提升的空间。首先，本研究中选择检测白线，并将所检测到的白线视为车道，但在无白线或无中央线的道路上难以检测车道和车辆。因此，如能继续研究利用路缘石和对向车道的白线等来检测车道的算法，则其适用范围会更广。

立体摄像头是根据块匹配的差分总和来计算置信度，而单目摄像头则是根据霍夫变换的投票数和边缘直方图峰值来计算置信度。今后还可以继续探讨使用其他方法，利用检测对象的特征来更精准地求出置信度。

此外，在本研究中对自车行驶车道、前方行驶车辆这两个对象物体进行了传感器融合，增加检测对象。今后也可以进一步将检测对象扩展至行人以及对向行驶车辆等。

2.2.3 RGBD 摄像头

在前一节的立体摄像头内传感器融合中介绍的距离图像，是用距离 d 展现的像素图像。而各像素中也包含由单目摄像头获取的颜色信息 RGB 成分，因此可将立体摄像头视为 RGBD 摄像头。

在将立体摄像头用作 RGBD 摄像头时务必注意的一点是，立体摄像头仅可求出物体边缘部位的距离。一般所说的 RGBD 摄像头，大多是指用单目摄像头来获取 RGB 信息，并求出距离信息 D。此时，求距离信息 D 的方法是通过照射随机点图案进行三角测距，或采用 TOF 摄像头方法，即通过测量飞行时间求得。RGBD 摄像头的热门型号——微软公司的 Kinect，其第一代采用随机点图案投影三角测距方法[11]，其测距原理如图 2.29 所示，第二代则采用 TOF 摄像头方法。

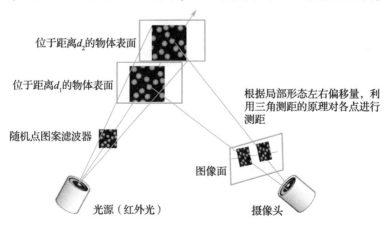

位于距离 d_2 的物体表面

位于距离 d_1 的物体表面

随机点图案滤波器

根据局部形态左右偏移量，利用三角测距的原理对各点进行测距

图像面

光源（红外光）   摄像头

图 2.29 第一代 Kinect 的测距原理

2.2.4　深度学习

在使用摄像头进行形态识别时，可以独立于主动传感器检测之外，仅通过图像处理进行形态分类。其背景是近年来基于深度学习的卷积神经网络（Convolutional Neural Network，CNN）的形态识别迅猛发展。刚开始使用 CNN 时，与以往的形态分类一样需要进行切取对象物体，再进行图案识别，所以就被称为两阶段处理。

随着可一次性进行切取操作和形态识别的一阶段处理研究取得进展，现在已经可以高效率地识别形态了。一阶段处理的基本思路是一次性对图像中的候补区域进行处理。与以往的形态分类方法相比，采用一阶段处理方式的 CNN 性能似乎更好。而 CNN 的处理过程基本上为黑箱，有时会引发无法解释的错误识别，因此不能说传统的形态分类方法已经过时。

AdaBoost 和 GoogLeNet 属于行人检测方法，它们适用于图像中的行人区域，并判定该区域是否为行人。为此需要在对整个图像进行光栅扫描的同时检测行人，或通过其他简易方法来确定可能存在行人的区域。而对整个图像进行光栅扫描的计算效率差，实时性低，因此一般情况下会与所谓的"选择性搜索（Selective Search）"方法搭配组合使用。例如，在检测横穿马路的行人时，检测光流[12]，采用对横向流动的光流区域进行 AdaBoost 和 GoogLeNet 操作的两阶段结构。GoogLeNet 的检测率较 AdaBoost 更高，但计算成本也更高。因此，如果不采用两阶段结构而对整个图像进行光栅扫描，则计算过程中需要逐个错开尺度不同的多个检测帧，该方法处理量极为庞大，需要在一个帧中进行数万单位的处理，因此很难实现实时处理。而且如果对整个图像进行光栅扫描，就必须准备大量步行时会出现的背景，作为学习数据放入背景图像（非行人图像）中，这将导致检测精度难以提高。所以才通过两阶段检测来削减计算成本，提升检测精度。

不过，FastR-CNN[13] 已于 2015 年发布，YOLO[14] 和 SSD[15] 已于 2016 年发布。之前的方法仅可检测一个种类的对象，而有了这两种 CNN 方法之后，就具备了可以同时检测多种类对象及其位置的能力。FastR-CNN 中导入了区域选取网络（Region Proposal Network，RPN），取代了以往方法中搜索检测对象位置的第一阶段 Selective Search，可同时检测出检测对象的位置。卷积神经网络区域（Regions with Convolutional Neural Network，R-CNN）需要通过 Selective Search 来将检测出的候选区域输入到 CNN，而 FastR-CNN 则因导入 RPN 而大幅降低了计算成本。FastR-CNN 体系架构如图 2.30 所示。

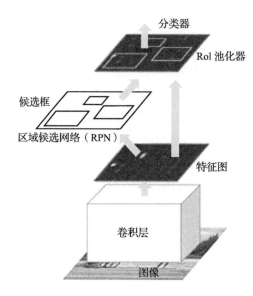

图 2.30　FastR-CNN 体系架构

如图 2.30 所示，RPN 可以对整个图像进行卷积处理，获取特征图。然后对检测窗进行光栅扫描，从而实现物体检测。基于 RPN 的检测方法采用称为"锚"的物体的外接矩形。锚的种类因对象物体而异，因此需要在锚箱中准备希望检测的所有种类相应数量的锚。将这些锚嵌入对象区域，输出物体近似度的分值和坐标位置。由 RPN 检测出的区域也并行输入至全结合网络中，并进行物体识别。通过RPN 即可实现各种锚尺寸的物体检测。

RPN 保留了光栅扫描的过程，还是残留有 Selective Search 的痕迹。而 YOLO和 SSD 则通过 Single Shot 来识别检测对象的位置，无须进行光栅扫描。

YOLO（You Only Look Once）从名字上看就是在强调无须进行光栅扫描即可检测。YOLO 的基本原理是将图像进行大致分割，再对每个分割区域进行物体检测[14]。YOLO 模型如图 2.31 所示，以一定的分割尺寸将对象图像分为 7×7 的网格。对分割后的每个网格进行卷积和合并处理，即可获取特征图。将该特征图输入至全结合层，再输出各网格中的物体类别分值以及包围该物体的矩形的位置、大小、可信度。

针对 YOLO 的网格尺寸较大、不擅于尺度变化的问题，SSD（Single Shot Multi-Box Detector）给出了一种对尺度变化具有鲁棒性的检测方法。其基本原理为从各卷积层输出物体矩形和类别。SSD 模型如图 2.32 所示，该方法可在接近输入层的层中检测尺度较小的物体，在接近输出层的层中检测尺度较大的物体。由于 SSD 方法是针对特征图的每个位置输出物体矩形和类别，可以高速计算检测对象的位置和识别结果。

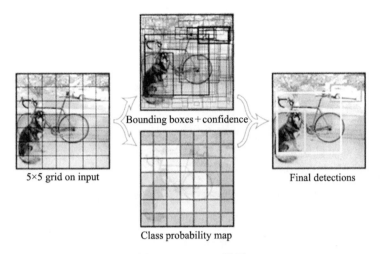

图 2.31　YOLO 模型

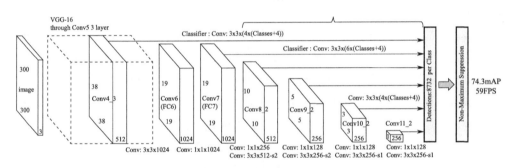

图 2.32　SSD 模型

在 SSD 方案被提出后，YOLO 也通过导入 FastR-CNN 和 SSD 结构不断实现了进化，成为一种更高速、精度更高的检测方法。应用于车载摄像头的各种深度学习方法今后也会继续发展，建议读者随时关注最新信息。

2.2.5　各种传感器的比较

接下来分设备来比较上述各种传感器的性能。即使是相同的设备，性能也可能因产品而异，因此这里列举的仅为一般规律。

如果将交通环境中最低限度必须检测的对象分为车辆、二轮车、行人，那么由于车辆检测是外界传感器的基本功能，因此所有设备都可以做到。如检测对象为二轮车，传感器的可见面积比车辆小，所以身为主动传感器的雷达、LiDAR、超声波传感器的检测率会在一定程度上呈现出下降趋势。如检测对象为行人，由于人体对电波的反射率较低，则按照车辆反射率调整过的雷达将难以检测。而身为被动传感器的单目摄像头和立体摄像头对于二轮车和行人的检测效果均较为理想。

如以车辆为对象，则雷达的测距长度为 200m 以上，LiDAR 为 140m，超声波传感器为 5m，单目摄像头和立体摄像头为 100m 左右。超声波传感器检测距离极短，仅限于辅助停车使用。而在测距精度方面，主动传感器仅需提升 TOF 的测量精度，而被动传感器具有精度与对象物体距离成反比的特性，因此被动传感器远距离精度（分辨率）会下降。

在视野角度方面，由于雷达采用了相控阵法进行电子扫描，所以很难获取较大的视野角度，而且如采用空间分辨率，则很难准确切取出对象物体的边界，因此雷达性能不及 LiDAR 和摄像头。

在对雨、雪、雾等气候适应性方面，无论雷达处于何种状态，电波都不会受到太大影响，因此可以保持稳定使用。而如遇雾天气，LiDAR 的激光会被吸收，导致完全无法使用。单目摄像头和立体摄像头也会出现此类情况，可以说在这方面和人类视觉没有什么两样。在传感器前方有雪花覆盖、冻结的情况下，LiDAR 和超声波传感器无法使用。

被动传感器只要自身车辆亮灯，就可以在夜间使用，但是仅限于在灯光照射范围内可用。如果自身车辆始终开远光灯，行驶也没有问题，但是一般情况下多为开近光灯行驶，因此在无路灯的夜路行驶时，会有更多不可见位置。

成本方面，雷达、超声波传感器、单目摄像头、立体摄像头受量产的降本效应而得以实际运用。但是由于量产型的车载 LiDAR 还很少，所以目前 LiDAR 在成本上不占优势。希望随着使用量越来越多，LiDAR 的成本问题能够得以解决。各种传感器的比较见表 2.2。部分雷达也可以检测行人，因此上述内容仅作为一般规律。

表 2.2　各种传感器的比较

项目		雷达	LiDAR	超声波传感器	单目摄像头	立体摄像头
对象物体	车辆	◎	◎	◎	◎	◎
	二轮车	○	○	○	◎	◎
	行人	×	○	○	◎	◎
测距长度		◎	◎	×	○	△
距离精度		○	◎	◎	△	△
视野角度		△	◎	○	◎	◎
空间分辨率		×	◎	×	◎	◎
气候适应性		◎	○	○	○	○
夜间使用（无照明）		◎	◎	◎	×	×
成本		○	△	◎	○	○

参考文献

［1］水野広他：前方障害物検出用ミリ波レーダ，自動車技術会 2004 年春季学術講演会前刷集，20045135，No. 33-04，pp5-8（2004）

［2］栗原勇樹，伊東敏夫：単眼とステレオを用いたセンサフュージョンによる走行環境認識に関する研究，自動車技術会 2016 春季大会学術講演会，20165308，66-16，pp1637-1640（2016）

［3］内閣府：第 1 節 道路交通事故の長期的推移、平成 27 年版交通安全白書 全文－内閣府、入手先＜http：//www8. cao. go. jp/koutu/taisaku/h27kou_haku/pdf/zenbun/h26-1-1-1-1. pdf＞、（参照 2016-01-13）

［4］実吉敬二：ステレオカメラによる自動運転支援システム、情報処理学会研究報告、Vol. 2013-CVIM-185 No. 20、（2013/1/23）

［5］Toshio Ito：Cognitive vision for driving environment categorization using network-type fusion，20th ITS World Congress Tokyo 2013. Intelligent Transportation Society of America（2013）

［6］菅沼直樹、高橋謙太、山本大貴：自動運転自動車の市街地公道走行のための信号機認識、自動車技術会学術講演会前刷集、（2015/10/19）

［7］仙波恒太郎：カーエレクトロニクス技術全集 最新版、（2007/8）、pp129-141、技術情報協会

［8］綱島宣浩、中島真人：投影視差画像を用いた前方車両の検出、電子情報通信学会技術研究報告. PRMU、（1998/10/15）、pp15-20

［9］伊東敏夫、山田憲一：走行環境認識のための画像処理手法の検討、電子情報通信学会、（2009/3）

［10］小野口一則：平面投影ステレオ法を用いた道路領域抽出、情報処理学会研究報告コンピュータビジョンとイメージメディア 1994-CVIM-093、（1995/3/23）、pp61-68

［11］Zhengyou Zhang：Microsoft Kinect Sensor and Its Effect，February 2012，IEEE Multimedia 19（2）：4-10（2012）

［12］Gunnar Farneback：Two-Frame Motion Estimation Based on Polynomial Expansion，Proceedings of the 13th Scandinavian Conference on Image Analysis，pp. 363-370（2003）

［13］Shaoqing Ren，Kaiming He，Ross Girshick，Jian Sun：Faster R-CNN：Towards Real-Time Object Detection with Region Proposal Networks，Advances in Neural Information Processing Systems 28，pp. 1-10（2015）

［14］Joseph Redmon，Santosh Divvala，Ross Girshick，Ali Farhadi：You Only Look Once：Unified，Real-Time Object Detection，Computer Vision and Pattern Recognition，pp. 798-788（2016）

［15］Wei Liu，Dragomir Anguelov，Dumitru Erhan，Christian Szegedy，Scott Reed，Cheng-Yang Fu，Alexander C. Berg：SSD：Single Shot MultiBox Detector，European Conference on Computer Vision，pp. 1-15（2016）

自动驾驶传感器融合
——技术、原理与应用

第3章

传感器融合

到此为止，本书已介绍了各种单独传感器的特性，本章将介绍具体的传感器（数据）融合方法。作为传感器融合的基本思路，首先介绍了为何主动传感器和被动传感器的组合较为理想以及相关的组合示例。然后介绍了传感器融合技术的基础——各种传感器的坐标校正。可以不考虑一种传感器融合多项功能的情况，但是无关种类是否相同，只要对两个以上传感器进行融合，都需要对传感器间的坐标进行校正。

接下来，本章还介绍了传感器融合的分级思路，即融合级别是单纯的"复合"，还是更为复杂的"整合"，或是获取单传感器输出中所无法获取信息的"融合"，抑或是进一步考虑传感器间关系的"网络"。

3.1 主动传感器与被动传感器的组合

被动方法最大的缺点是容易被"欺骗"。被动方法仅以对象所发出的信息为线索，因此如果对象有意"欺骗"，很容易"欺骗"成功。例如，单目摄像头无法区分对象物体实际存在的场景和拍摄该对象的照片。那么立体摄像头可以区分吗？

立体摄像头可为对象物体实际存在的场景以及拍摄该对象的照片分别输出不同的结果。但是如果特意拍摄两张与实际对象物体的场景一致的照片，分别给左眼和右眼用，再向立体摄像头的左右镜头分别展示，则会输出与实际场景相同的结果，所以立体摄像头其实也很容易"欺骗"。人类的视觉也是被动的，因此也会经常被欺骗，虽然肉眼可轻松区分实际场景和显示器中的场景，但是在佩戴液晶护目镜的状态下，人眼就无法区分摄像头影像和视频影像。

主动方法也并非完全无法"欺骗"，不过需要将"欺骗"方案设计得相当巧妙才能成功。因此，可以认为基于主动方法和被动方法的传感器融合是能够实现缺陷互补的良好组合。

可以说主动传感器一般擅长于检测对象物体之间的距离，被动传感器则擅长于检测对象物体的形态。反之，主动传感器不擅长识别对象物体的属性，被动传感器则不擅长检测与对象物体之间的距离（使用立体摄像头的方法除外）。

因此，将主动传感器和被动传感器进行组合即可实现互相弥补缺点的传感器融合。具体而言，可将 LiDAR 和单目摄像头的组合用于前方监视，用 LiDAR 测量前方物体的距离，用单目摄像头分析该物体的属性，如此则可以保证高可信性的同时检测出与前方物体之间的距离及其属性。也可以使用无线电雷达，然而需要注意的是，无线电雷达的空间分辨率低于 LiDAR，因此在用无线电雷达检测与前方物体之间的距离时，难以清晰分辨是以图像中的哪部分范围为检测对象，因此其图像处理的计算负荷高于 LiDAR。

此外，也可以用立体摄像头代替主动传感器来进行距离检测，物体属性检测也可以使用立体摄像头获取的图像。然而需要注意的是，立体摄像头是被动的，因此可信性会下降。

主动传感器和被动传感器都观察到同一对象物体时不会出现问题，但是如果对于对象物体仅有其中一种传感器能观察到时，该如何处理？以无线电雷达和单目摄像头的传感器融合为例：可以分配好职能，用无线电雷达测量距离，用单目摄像头分析检测对象物体的形态。

　　假设该传感器组合遇到雾天，无线电雷达会回传前方物体距离的信息，但是单目摄像头则完全无法拍摄到任何物体，也就无法解析该物体的形态，此种状态与单独使用无线电雷达并无区别，单目摄像头完全派不上用场。此时，由于单目摄像头无法进行传感检测，如不采用无线电雷达的检测结果，则性能比单独使用无线电雷达时还低。那么，就先假设在只有其中一方可以检测时，也使用该检测结果。此时，就算无线电雷达未检测到任何物体，只要单目摄像头得出前方有车辆停靠的结果，就会启动自动制动功能。此种情况下，摄像头看到图像而错误识别的可能性较高，比单独使用无线电雷达的性能还低。也就是说，在传感器融合中只进行 AND 或 OR 操作是不够的。当然，根据具体情况和具体融合方法，有时只用 AND 和 OR 也可以提升性能，总之需要一种可涵盖所有情况的统一思路。

　　我们已经明白对于两种不同传感器的组合来说，基本的传感器数据融合在单纯的 AND 和 OR 操作下性能其实不及单独使用的传感器。因此就需要思考更好的两传感器组合方法。基本思路是让两传感器实现优势互补，也就是选择性地将两传感器的功能结合起来，可以考虑附带权重的结合。

　　为了得到传感器融合的识别结果，根据使用状况和条件，将各识别结果的可信性乘以可变权重后的结果作为结合类传感器融合的输出。例如，在无线电雷达和单目摄像头的组合中，通常在没有无线电雷达输出时将单目摄像头的权重设定为较小，有无线电雷达输出时则由单目摄像头解析物体形态，再对每个物体设定权重。这是因为使用单目摄像头进行识别时既有擅长识别的物体也有不擅长识别的物体，可信性指标也因物体种类而异。此外，在雾天中增大无线电雷达的权重，减小单目摄像头的权重，以此来消除传感器融合和单独使用无线电雷达时的性能差。

　　如上所述，需要根据使用条件、具体情况以及识别对象来细致缜密地变更权重设定。而权重发生变化的条件中，也需要考虑到在某个微小时间内的重复出现概率等因素。

3.2　组合示例

　　可以想到的实际传感器组合示例包括：无线电雷达和单目摄像头、LiDAR 和单目摄像头、无线电雷达和立体摄像头、LiDAR 和立体摄像头。下面就来谈一谈这几种组合各自的特点。

　　在无线电雷达和单目摄像头的组合中，单目摄像头不仅可以弥补无线电雷达的低空间分辨率，还可以完成无线电雷达所不擅长的形态分析。

在 LiDAR 和单目摄像头的组合中，LiDAR 所生成的点云在较远距离时密度会有所降低，而单目摄像头不仅可以弥补降低的点云密度，还可以对由点云所包含物体（包括其附近）的外观形态进行分析。

无线电雷达和立体摄像头的组合，也可期待获得与无线电雷达和单目摄像头组合相同的效果。在该组合中，多用无线电雷达检测车间距离，用立体摄像头检测无线电雷达难以检测的行人等检测对象。而立体摄像头还可以进行测距，因此在该组合中，有时会进行简单的 AND 或 OR 操作。

LiDAR 和立体摄像头的组合也可期待获得与 LiDAR 和单目摄像头组合相同的效果。但是考虑到检测对象的类似性以及立体摄像头的高处理成本，刻意与立体摄像头组合的可能性较低。

传感器融合的目的在于提升对象物体的检测性能，但是也需要注意检测性能的种类。检测种类至少应该包括：对象物体是否存在、对象物体的属性、对象物体的形状（3D 信息）、对象物体的距离等，种类繁多，因传感器检测的具体目的而异。

可以根据具体的检测项目去选择传感器融合方法。例如，在 LiDAR 和单目摄像头的组合中，当检测对象物体的存在性时不妨将 LiDAR 的可信性设置为较高，检测属性时则将单目摄像头的可信性设为较高，检测形状时基本上需要将 LiDAR 的可信性设为较高，但是也会根据距离而变化，对于检测距离需要将 LiDAR 的可信性设为较高。当然，无线电雷达和单目摄像头组合的检测项目系数会与 LiDAR 和单目摄像头的组合有所不同。

此外，尤其是摄像头的检测性能，依赖于计算算法，因此很明显，上述设定示例绝非固定的规则，也会因使用条件而异。

3.2.1 坐标校正

在将传感器融合用于传感器数据融合之前，统一传感器间坐标很重要，需要进行坐标校正。在采用同一种传感器、变换算法获取大量数据的情况下，无须进行坐标校正。不过立体摄像头虽然是单一种类传感器，也需要进行坐标校正。

立体摄像头使用两个单目摄像头，因此需要对两个摄像头进行坐标校正。立体摄像头的距离计算方法为，在求出两个摄像头中物体上的点的对应点后，应用三角测距原理，此种情况下以两个摄像头光轴平行为前提。然而由于组装误差等因素，立体摄像头的两个单目摄像头光轴并不平行，因此需要对两个单目摄像头进行坐标校正。

如果可以保证立体摄像头中两个单目摄像头的组装精度并允许一定程度误差，则也存在无须对两个单目摄像头进行坐标校正的情况。但是如果是 LiDAR 和单目摄像头那样的不同种类传感器组合，就必须对两种传感器进行坐标校正。不同种类传感器的组合中，来自两种传感器的数据不具有相似性，因此必须对两种传感器进行坐标校正。总之需要确保两种传感器同时检测同一个物体。

坐标校正可以考虑按如下方法进行。首先将单目摄像头的坐标视为基本形。将单目摄像头视为针孔透镜系，将以针孔为原点的世界坐标系 W 设为直角坐标 X、Y、Z。设光学中心为 Z 轴，焦距为 f，摄像头坐标系为 C，其图像坐标系为 I，则对象物体 $\boldsymbol{X}_W = (X_W, Y_W, Z_W)$ 被映射至图像坐标 $\boldsymbol{X}_I = (X_I, Y_I) = (f X_W/Z_W, f Y_W/Z_W)$。

在这里，假设世界坐标系 W 通过投影矩阵 $\boldsymbol{P}$ 被映射至图像坐标系 I，则计算方法见下式。

$$\boldsymbol{x}_I \backsimeq \boldsymbol{P}\boldsymbol{X}_W \tag{3-1}$$

考虑从世界坐标系 W 向摄像头坐标系 C 投影的因素，由于该转换由旋转分量和平移分量构成，可以使用旋转矩阵 $(3 \times 3)\boldsymbol{R}$ 和平移矩阵 $(3 \times 1)\boldsymbol{T}$ 表达，见式 $(3-2)$。

$$\boldsymbol{x}_C = \boldsymbol{R}\boldsymbol{X}_W + \boldsymbol{T} \tag{3-2}$$

接下来，使摄像头坐标系 C 下的坐标值 $\boldsymbol{X}_C = (X_C, Y_C, Z_C)$ 在摄像头坐标系 $Z = 1$ 时的正交图像坐标系 N 中，有以下关系：

$$\boldsymbol{X}_N = (X_C/Z_C, Y_C/Z_C) = (x_N, y_N) \tag{3-3}$$

那么（$^\mathrm{T}$ 表示转置）将得到

$$[\boldsymbol{X}_N, 1]^\mathrm{T} = (1/Z_C) [X_C, Y_C, Z_C]^\mathrm{T} \backsimeq \boldsymbol{X}_C \tag{3-4}$$

如果将 3×3 的内部参数矩阵设为 $\boldsymbol{K}$，则图像坐标系 I 与正规图像坐标系 N 的关系可以用下式表示：

$$[\boldsymbol{X}_I, 1]^\mathrm{T} = \boldsymbol{K}[\boldsymbol{X}_N, 1]^\mathrm{T} \tag{3-5}$$

对于图像坐标系 I 以及正交图像坐标系 N 中的各要素，将内部参数常数设为 f_x, x_0, f_v, y_0，则可用下式表示：

$$\boldsymbol{x}_I = f_x \boldsymbol{x}_N + x_0 \tag{3-6}$$

$$y_I = f_y \, y_N + y_0 \qquad\qquad (3-7)$$

从而 K 为

$$K = \begin{bmatrix} f_x & 0 & x_0 \\ 0 & f_y & y_0 \\ 0 & 0 & 1 \end{bmatrix} \qquad\qquad (3-8)$$

由此，图像坐标系 I 与世界坐标系 W 的关系可由投影矩阵 P 通过 K、R、T 用下式表示：

$$[X_I, \ 1]^T \backsim K[R, \ T] \ [X_W, \ 1]^T \qquad\qquad (3-9)$$

也就是说，单目摄像头校正的本质是要推定内部参数 K 以及外部参数 R、T。

以单目摄像头为模型所导出的摄像头坐标系和世界坐标系的变换公式，也可适用于无线电雷达和 LiDAR。换言之，使用各种传感器的 $x_C = RX_W + T$ 即可对各种传感器间进行校正。最终各种传感器将世界坐标设为共通坐标，通过世界坐标来观察已知的事实并求解 R 和 T 未知数。旋转矩阵 R 为绕 3 轴旋转，因此未知数为 3；平移矩阵 T 为在 3 轴上平移，因此未知数也为 3，共需要求出 6 个未知数。

因此只要世界坐标中有 6 个已知点即可求解。而实际上则会存在安装误差和观测误差，因此需要准备许多已知点，并采用最小二乘法以及最大似然估计来使误差最小化。用于校准的对象物体通常为棋盘格（例如交替排列 100mm × 100mm 的黑白正方形）。

在对不同种类传感器之间进行校正的过程中，不仅需要校正坐标，还需要使各种传感器的分辨率和视野角度相互匹配，仅需和正在观察的校正棋盘格范围对齐即可，较为简单。然而需要注意的是，无线电雷达和单目摄像头组合的坐标校正无法使用常规的棋盘格，因为棋盘格黑白部分反射率不同，采用 LiDAR 可以判断反射出处，而无线电雷达区分不了黑白部分反射率差异。

无线电雷达不仅难以识别黑白部分反射率的差异，而且对于木板和纸板的棋盘格也无法充分反射。因此，必须以铝板等金属板为反射物体。同时，无线电雷达空间分辨率远低于摄像头，所以无法使用黑白棋盘格（因为反射率不同）作为校对板，仅可将摄像头棋盘格整体作为一个识别对象使用。

下面给出上述坐标校正方法的具体实例——虚拟 RGBD 摄像头研究实例[1]。

3.2.2　虚拟 RGBD 摄像头研究实例

1. 研究背景

世界各地的汽车公司或相关公司都在进行自动驾驶研究，2021 年，本田传奇（Honda Legend）取得日本国土交通省颁发的全球首个 L3 级别自动驾驶型号认证，车辆得以顺利发售[2]（尽管对使用方法有所限制）。而且世界各地都在进行自动驾驶实证实验[3]，作者的研究室也在尝试用电动代步车实现 L5 级别的全自动驾驶，并在校园附近进行实证实验。

自动驾驶所需的功能大致可分为如下四类[4]：

1）掌控自身车辆当前位置的自身位置推测功能。

2）识别自身车辆周围行驶环境的外界识别功能。

3）综合判断行驶状况等的行动计划功能。

4）控制自身车辆运动的车辆控制功能。

自身位置推测功能在汽车导航的开发过程中被逐渐投入实际应用，行动计划和车辆控制功能也在驾驶辅助系统的开发过程中逐渐投入实际应用。虽然这些功能想用于自动驾驶还需要进一步深入开发，但目前看来已经不止停留在研究阶段。而与此三者相比，外界识别功能还有大量课题亟待解决，本书存在的意义也正在于此。下面就来介绍一个通过传感器融合实现的虚拟 RGBD 摄像头研究实例。

在用于外界识别的传感器中，最具代表性的就是自动驾驶传感器，也就是本书中所提及的摄像头、雷达和 LiDAR。其中 LiDAR 对于自动驾驶的实际应用来说不可或缺，从而备受关注。LiDAR 具有空间分辨率高、测距准确、视野角度广、与摄像头相比不需要辅助光即可在夜间使用等优点，因此有望被用于物体检测、测距、形状识别、即时定位与地图构建（SLAM）等各类场景[5]。实际上，在不断改造自动驾驶的过程中，采用 LiDAR 已是大势所趋，LiDAR 正在逐渐成为用于高度自动驾驶的主流外界识别传感器。

如第 2 章中所述，LiDAR 发出由激光二极管激发的尖锐激光束，并接收从对象物体反射的光线来进行测距。因此，对象物体的反射位置为物体表面上的一个点（point），通过扫描激光束将物体表面上的反射点聚集成为点云数据（point cloud）。如果点云足够密集，则点云所展示的 3D 结构就是物体形状本身。然而被扫描的激光束之所以被称为扇形激光束，就是因为其从扫描机构呈放射线状照射，存在距离越长，反射位置的间隙就越大，反射光就越稀疏的问题。因此，长距离的点云密度较为稀疏，仅通过点云难以复原物体的形状。

为了解决 LiDAR 长距离获取点云密度稀疏的问题，在本研究中对 LiDAR 和摄像头进行传感器融合，使用从摄像头图像获取的 RGB 数据对点云数据进行跟踪，实现了稀疏点云的高密度化。此外还对摄像头的 RGB 信息以及由 LiDAR 获取的点云距离信息 "D" 进行了融合，因此将本研究中对单目摄像头和 LiDAR 进行组合的传感器融合视为虚拟 RGBD 摄像头。

2. LiDAR 的待解决课题

LiDAR 的原理是将细小集中的激光束呈放射线状照射在对象物体上，获取该位置的点云，因此点云密度与距离成反比，距离越长，点云密度就越稀疏。如图 3.1 所示，长距离对象物体的点云密度变低时，物体的形状就难以检测了。

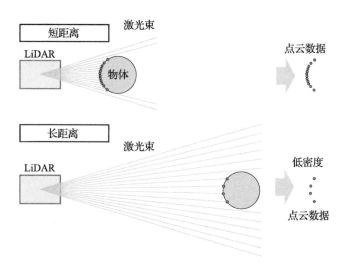

图 3.1　短距离和长距离物体的 LiDAR 测量状况

其他研究中也显示了 LiDAR 长距离点云密度稀疏的情况，并提出了通过大量照射激光来实现高分辨率，从而使用 LiDAR 识别行人的方案[6]。然而站在实用的角度，高分辨率 LiDAR 价格昂贵，而且即使增加 LiDAR 的激光束条数，点云密度仍然随着距离变远而下降。

本书的主题——传感器融合，则是弥补传感器缺点的一种有效方法。传感器融合就是对多种传感器进行组合。根据本研究的宗旨对表 2.2 进行改写，各种传感器的具体情况见表 3.1，各种传感器各有其优点和缺点，理所当然就需要通过多个传感器的融合来达成目标。

表 3.1　各种传感器的具体情况

项目	摄像头	LiDAR	雷达
测距长度	○	◎	◎
距离精度	△	◎	○
视野角度	◎	◎	△
物体检测	◎	○	×
物体识别	◎	○	×
三维形状识别	△	◎	×
气候适应性	○	○	◎
夜间使用（无照明）	×	◎	◎
成本	◎	△	○

　　LiDAR 的距离和角分辨率性能较高，但是不擅长识别形态等，成本也偏高。而摄像头则擅长识别物体形态等要素，但不擅长识别距离信息和三维形状。由于两者能够弥补彼此的缺点，所以 LiDAR 和摄像头的传感器融合是互补且有效的。而且两者都以光为基础，相互之间适应性良好，摄像头可获取 RGB 信息，LiDAR 可获取距离信息，是实现 RGBD 摄像头的可能组合。

3. 校准

　　将安装在较远位置的 LiDAR 和摄像头进行传感器融合时，必须进行校准。因此如 3.1 节中所述，必须将世界坐标系和摄像头坐标系对齐。

　　首先，如图 3.2 所示，先通过假想使位置不同的 LiDAR 和摄像头坐标位置保持一致。此时两坐标的关系见式（3－10）。

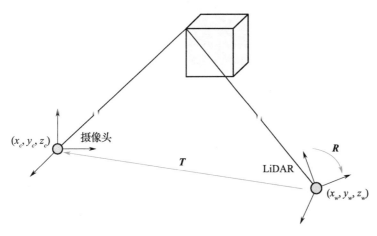

图 3.2　LiDAR 和摄像头的坐标

$$\begin{pmatrix} x_c \\ y_c \\ z_c \end{pmatrix} = \boldsymbol{R} \begin{pmatrix} x_w \\ y_w \\ z_w \end{pmatrix} + \boldsymbol{T} \qquad (3-10)$$

式中，x_c、y_c、z_c 是摄像头坐标；x_w、y_w、z_w 是 LiDAR 的世界坐标；$\boldsymbol{R}$ 是旋转矩阵；$\boldsymbol{T}$ 是平移矩阵。

接下来，如图 3.3 所示，从世界坐标系转换为摄像头坐标系，以实现假想的位置校准。此时两坐标的关系见式（3-11）。

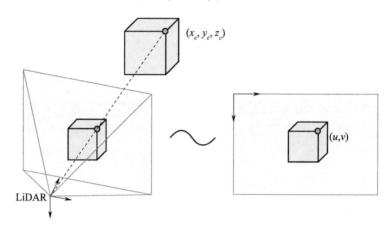

图 3.3　从世界坐标系到摄像头坐标系的转换

$$\begin{pmatrix} u \\ v \\ 1 \end{pmatrix} = \boldsymbol{K} \begin{pmatrix} x_c \\ y_c \\ z_c \end{pmatrix} \frac{1}{z_c} \qquad (3-11)$$

式中，u、v 是像素坐标；$\boldsymbol{K}$ 是内部参数矩阵。

在确定 $\boldsymbol{R}$、$\boldsymbol{T}$、$\boldsymbol{K}$ 时，摄像头和 LiDAR 的检测数据必须为从同一对象物体获取，一般常用棋盘格。通过 LiDAR 和摄像头，以棋盘格为对象物体获取数据，并求出其交点。再使用最大似然法等方法使 LiDAR 和摄像头的交点误差最小，来确定 $\boldsymbol{R}$、$\boldsymbol{T}$、$\boldsymbol{K}$[7]。

4. 摄像头与 LiDAR 的融合方法

在之前铺垫的问题的基础上，下面介绍本研究利用 LiDAR 和摄像头进行数据融合的方法。图 3.4 为融合方法的具体流程。首先对 LiDAR 所获取的点云数据进行校准，并将其转换为像素坐标。接下来如图 3.5 所示，在下一帧图像中跟踪校准后的 LiDAR 点位置。由于此时的对象点是像素坐标，因此需要进行三维重构。根据前一帧插值点云，延长目标物体的可识别距离。在匹配点的搜索过程中利用从摄像头图像获取的颜色信息。

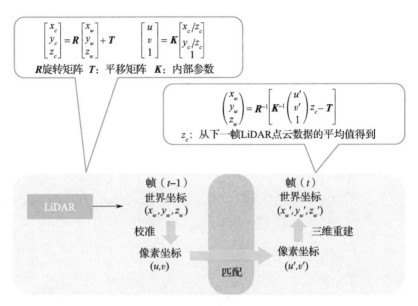

$$\begin{bmatrix} x_c \\ y_c \\ z_c \end{bmatrix} = \boldsymbol{R} \begin{bmatrix} x_w \\ y_w \\ z_w \end{bmatrix} + \boldsymbol{T} \qquad \begin{bmatrix} u \\ v \\ 1 \end{bmatrix} = \boldsymbol{K} \begin{bmatrix} x_c/z_c \\ y_c/z_c \\ 1 \end{bmatrix}$$

$\boldsymbol{R}$ 旋转矩阵　$\boldsymbol{T}$：平移矩阵　$\boldsymbol{K}$：内部参数

$$\begin{pmatrix} x_w \\ y_w \\ z_w \end{pmatrix} = \boldsymbol{R}^{-1} \left[\boldsymbol{K}^{-1} \begin{pmatrix} u' \\ v' \\ 1 \end{pmatrix} z_c - \boldsymbol{T} \right]$$

z_c：从下一帧 LiDAR 点云数据的平均值得到

帧（$t-1$）
世界坐标
(x_w, y_w, z_w)

帧（t）
世界坐标
(x_w', y_w', z_w')

LiDAR

校准

三维重建

像素坐标
(u, v)

匹配

像素坐标
(u', v')

图 3.4　融合方法的具体流程

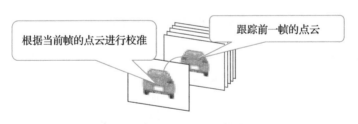

根据当前帧的点云进行校准

跟踪前一帧的点云

图 3.5　当前帧点云与前一帧的匹配

5. 搜索匹配点

在下一帧中跟踪从 LiDAR 获取并已进行校准的点云数据的点位置，需要根据摄像头图像搜索匹配点位置。对于摄像头图像，经常使用模板匹配，模板匹配的方法为对跟踪的像素边进行光栅扫描，从而求出匹配位置。该方法需要对一定区域进行搜索，因此可对黑白浓淡图像进行搜索，但是也存在计算量增加的问题[8]。

颜色信息则无须对一定区域进行搜索，因此可以减少计算量。LiDAR 的点云数据密度会随着距离的增加而降低，而摄像头的颜色信息却不怎么受距离影响，因此，可以对前一帧和下一帧中的颜色匹配点位进行跟踪。在本研究中使用摄像头的颜色信息进行帧间搜索。所使用的颜色信息分为两种：原始数据 RGB 以及经过色相、彩度、明度（Hue，Saturation，Value，HSV）变换的数据。

6. 使用 RGB 数据时

为了高效、统一地使用 RGB 数据，可将 RGB 作为三维矢量来处理。例如，当 Red = 70、Green = 60、Blue = 50 时，可以按图 3.6 所示的 RGB 数据的矢量化进行处理。

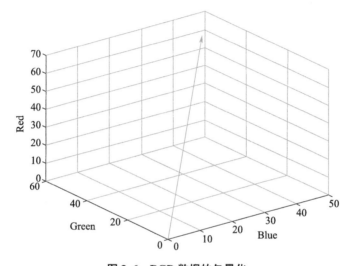

图 3.6　RGB 数据的矢量化

对于矢量化后的 RGB 数据，其帧间匹配方法如下。设前一帧中 LiDAR 点云数据校准后的点 $(u，v)$ 的 RGB 数据为 $(R_{t-1}，G_{t-1}，B_{t-1})$。将下一帧中任意点 $(u'，v')$ 的 RGB 数据设为 $(R_t，G_t，B_t)$。那么，前一帧和下一帧的 RGB 矢量所成的角 θ 可以用式（3-12）进行计算。此处假设帧间亮度无变化，因此仅关注帧间 RGB 矢量的角度。

$$\cos\theta = \frac{R_{t-1}R_t + G_{t-1}G_t + B_{t-1}B_t}{\sqrt{R_{t-1}{}^2 + G_{t-1}{}^2 + B_{t-1}{}^2}\ \sqrt{R_t^2 + G_t^2 + B_t^2}} \tag{3-12}$$

将 θ 为最小值的点 $(u'，v')$ 视为校准后的前一帧 LiDAR 点云数据的点位置。

7. 使用 HSV 数据时

HSV 采用色相、彩度、明度三项要素来表示图像颜色，HSV 的颜色空间如图 3.7 所示[9]。不采用明度和彩度，仅着眼于色相，将颜色信息视为标准化信息。仅使用色相，在颜色信息处理过程中就有望不受周围亮度变化影响。

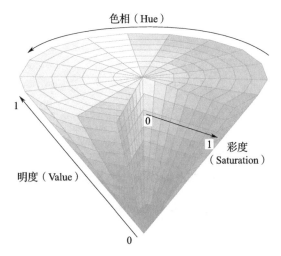

图 3.7　HSV 的颜色空间

搜索匹配点的过程中可以采用 0 ~ 360°二维矢量的形式来处理和使用色相数据，见式（3 - 13），但是如果 Value（V）或 Saturation（S）过小，则 Hue（H）的信息无意义。因此在仅 Saturation 低于阈值的情况下，应该使用 Value。基于 Value 的搜索为一维向量，使用向量长度的差值 diff，见式（3 - 14）。而在 Value 低于阈值的情况下，利用基于 Hue 和 Value 的二维矢量间夹角 θ'，见式（3 - 15）。再将各自的最小值位置视为匹配点。此处将根据前一帧 LiDAR 点云数据校准后的点（u，v）的 HSV 数据设为（H_{t-1}，S_{t-1}，V_{t-1}），并将下一帧的任意点（u'，v'）的 HSV 数据设为（H_t，S_t，V_t）。α、β 为阈值。

$$\theta = \left| H_{t-1} - H_t \right| \quad (\theta \leqslant 180) \qquad (\alpha < V_{t-1} \cap \beta < S_{t-1}) \qquad (3-13)$$

$$\text{diff} = \left| V_{t-1} - V_t \right| \qquad (\alpha < V_{t-1} \cap S_{t-1} < \beta) \qquad (3-14)$$

$$\cos\theta' = \frac{H_{t-1}H_t + V_{t-1}V_t}{\sqrt{H_{t-1}^{\ 2} + V_{t-1}^{\ 2}}\sqrt{H_t^{\ 2} + V_t^{\ 2}}} \qquad (V_{t-1} < \alpha) \qquad (3-15)$$

8. 搜索范围

如对整个图像进行匹配点搜索，则计算量会增加，匹配至错误点的概率也会上升，因此应限定匹配搜索范围。我们利用 LiDAR 的距离信息限定搜索范围。

图 3.8 为对象物体的距离与高度的关系。H 为实际对象物体的高度，f 为焦距，d_1、d_2 为到两个对象物体的距离，h_1、h_2 为距离 d_1、d_2 的外观视觉高度。此时，h_1 和 h_2 的关系可用式（3 - 16）表示：

$$h_2 = \frac{d_1}{d_2}h_1 \qquad (3-16)$$

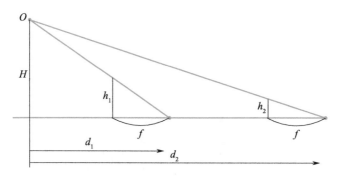

图3.8 对象物体的距离与高度的关系

当 $d_1 = f$ 时，h_1 为图像的宽度或图像的高度。因此，搜索范围的宽度可以用式（3 – 17）表示，高度可以用式（3 – 18）表示。此时，z_w 为从 LiDAR 获得的对象物体距离。

$$搜索范围的宽度 = \frac{f}{图像宽度} z_w \qquad (3-17)$$

$$搜索范围的高度 = \frac{f}{图像高度} z_w \qquad (3-18)$$

9. 三维重构

已匹配的点 (u', v') 为二维摄像头坐标，因此需要对其进行三维重构，使其成为三维的世界坐标。使用式（3 – 10）和式（3 – 11）将其从世界坐标系变换为摄像头坐标系。首先使用式（3 – 11）计算得到

$$\begin{pmatrix} x_c \\ y_c \\ z_c \end{pmatrix} = \boldsymbol{K}^{-1} \begin{pmatrix} u \\ v \\ 1 \end{pmatrix} z_c \qquad (3-19)$$

再根据式（3 – 10）计算得到

$$\begin{pmatrix} x_w \\ y_w \\ z_w \end{pmatrix} = \boldsymbol{R}^{-1} \left(\begin{pmatrix} x_c \\ y_c \\ z_c \end{pmatrix} - T \right) \qquad (3-20)$$

根据式（3 – 19）~式（3 – 20），已匹配点 (u', v') 的三维重构公式如下：

$$\begin{pmatrix} x_w \\ y_w \\ z_w \end{pmatrix} = \boldsymbol{R}^{-1} \left(\left(\boldsymbol{K}^{-1} \begin{pmatrix} u' \\ v' \\ 1 \end{pmatrix} z_c \right) - T \right) \qquad (3-21)$$

此时，**R**、**T**、**K** 可使用校准求出的参数。z_c 使用下一帧的 LiDAR 点云数据的平均值。

10. 实验准备

在本实验中，LiDAR 使用 Velodyne 的 VLP – 16[10]，摄像头使用 logicool 的 C270N[11]。外观分别如图 3.9 和图 3.10 所示，规格分别见表 3.2 和表 3.3。用于校准的棋盘格如图 3.11 所示，棋盘格的规格见表 3.4。

如图 3.12 所示，将上述 LiDAR 和摄像头设置在收集数据的车辆顶部，让车辆在普通道路上行驶，并获取包括前方行驶车辆在内的行驶数据。

图 3.9　LiDAR 的外观　　　图 3.10　摄像头的外观　　　图 3.11　棋盘格

表 3.2　LiDAR 的规格

制造商	Velodyne
型号	VLP – 16
测距范围	0.5 ~ 100m
精密度	±3cm
视野角度	水平 360°
	垂直 +15 ~ –15°
扫描速度	5 ~ 20Hz
测量点数	300000 点/s

表 3.3　摄像头规格

制造商	logicool
型号	C270N HD WEBCAM
分辨率	040 × 400
帧速率	30 帧/s
视野角度（水平）	60°
焦距	0.4m

表 3.4 棋盘格的规格

整体尺寸	A0（841mm×1189mm）
正方形图案尺寸	110mm/边
正方形数	10×6
拐角类型	内角

图 3.12 安装在实验车辆上的 LiDAR 和摄像头

本方法在获取数据之前，需要事先求出校准参数。需要求出的参数包括内部参数矩阵 K、平移矩阵 T、旋转矩阵 R。LiDAR 和摄像头的校准结果如图 3.13 所示。关于校准误差，位置误差最大为 5%，大小误差最大也为 5%。这里的 5% 相当于约 3cm 的误差。LiDAR 的测距精度为 ±3cm，因此可认为通过该校准所求出的参数是恰当值。对于前方行驶车辆上的 LiDAR 和摄像头的校准结果如图 3.14 所示。为便于观察，这里放大了各位置中的前方行驶车辆车身后方部分。图中的前方行驶公交车上标有 "＋" 记号的位置即校准点。

图 3.13 LiDAR 和摄像头的校准结果

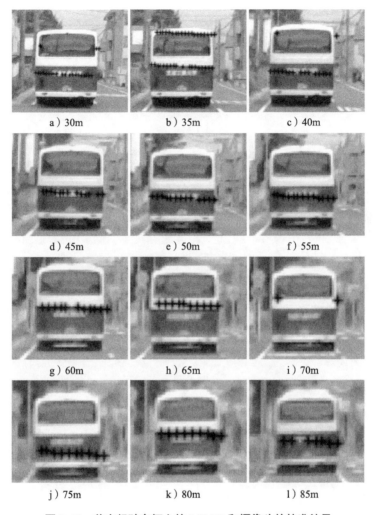

a）30m　　　　　　b）35m　　　　　　c）40m

d）45m　　　　　　e）50m　　　　　　f）55m

g）60m　　　　　　h）65m　　　　　　i）70m

j）75m　　　　　　k）80m　　　　　　l）85m

图 3.14　前方行驶车辆上的 LiDAR 和摄像头的校准结果

11. 实验结果

对前方行驶公交车的车身后方数据使用本方法，合并 10 帧点云数据，分别按 RGB 和按 HSV 跟踪的结果如图 3.15 和图 3.16 所示。为了使结果便于观察，从 30m 位置到 85m 位置之间以 5m 间隔表示，于是在各位置放大了前方行驶车辆车身后方部分。标有"＋"符号的点是根据当前帧的点云数据校准的点，标有"0"符号的点是根据前一帧的点云数据跟踪的点。此外，高度方向和宽度方向的复原率如图 3.17 和图 3.18 所示。

a）30m   b）35m   c）40m

d）45m   e）50m   f）55m

g）60m   h）65m   i）70m

j）75m   k）80m   l）85m

图 3.15　按 RGB 跟踪的结果

LiDAR 存在长距离点云密度稀疏的问题，因此高度方向的形状复原率下降。在 45m 位置，在不使用本方法的情况下，捕捉车辆影像的激光仅有一层，高度方向的形状复原率不足 1%。但是如果仅仅只看方案中的 5 帧以及 10 帧，则可实现 75% ~90% 的形状复原率，本方法中的可识别激光层的减少距离可从 45m 延长至 50m。也就是说，无当前帧的点云数据层追踪了前一帧的点云数据，于是 45m 位置的形状复原率得以大幅提高。可以说本方法在可识别激光层减少后尤其有效。

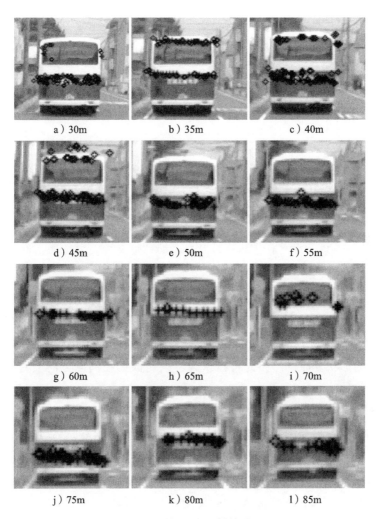

a）30m　　　　　b）35m　　　　　c）40m

d）45m　　　　　e）50m　　　　　f）55m

g）60m　　　　　h）65m　　　　　i）70m

j）75m　　　　　k）80m　　　　　l）85m

图 3.16　按 HSV 跟踪的结果

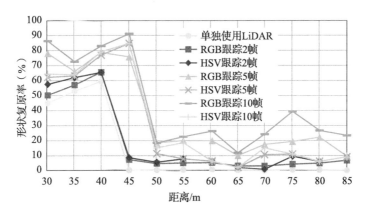

图 3.17　高度方向的复原率

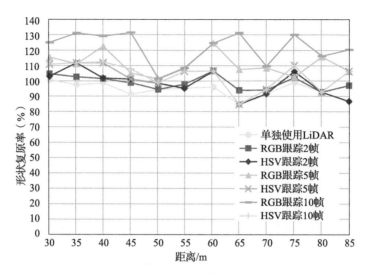

图 3.18　宽度方向的复原率

此外，即使在 50m 位置以后，LiDAR 也仅用一层激光捕捉车辆，高度方向的形状复原率不到 1%。而采用本方法之后，即使在比 50m 远的距离也可保持 10% ~ 20% 的形状复原率。因此可以认为，只要数据在高度方向上有厚度，就可以被识别为物体。

表 3.5 为平均形状复原率。在仅有 2 帧的情况下，无论采用 RGB、HSV 还是这里给出的方法，易受密度稀疏问题影响的高度方向形状复原率均未见明显改善。

使用 5 帧和 10 帧时，形状复原率有所提高。尤其是在使用 RGB 的情况下形状复原率大幅提高。不过 RGB 的宽度方向平均形状复原率在 5 帧时为 110.8%，在 10 帧时为 121.5%，比实际大 10% 以上。由此可知在 RGB 中存在点的错误匹配。从图像也可以确认匹配点存在偏差。此外，HSV 宽度方向的平均形状复原率在 5 帧时为 102.9%，在 10 帧时为 103.5%，由此可知在 HSV 中已经和适当的点位匹配，原因之一是在基于 HSV 的匹配中，主要使用了 Hue 数据，而 Hue 数据被视为标准化颜色信息，不易受到环境亮度等因素的影响。因此，在基于 HSV 的匹配中，不易受到环境亮度变化等因素的影响，匹配精度高。

表 3.5　平均形状复原率（%）

情况	高度	宽度
单独使用 LiDAR	18.3	94.5
RGB 跟踪 2 帧	18.2	98.9
HSV 跟踪 2 帧	20.1	98.3

（续）

情况	高度	宽度
RGB 跟踪 5 帧	36.4	110.8
HSV 跟踪 5 帧	29.3	102.9
RGB 跟踪 10 帧	44.0	121.5
HSV 跟踪 10 帧	31.3	103.5

本方法通过利用摄像头颜色信息，实现了计算量的减少。表3.6 给出了每1 帧跟踪的计算时间。为与本方法进行比较，计算了基于一般的差分平方和模板匹配的跟踪结果。在基于模板匹配的跟踪过程中，通过对已校准的点云数据的周围进行光栅扫描来搜索匹配点。从表3.6 可以看出，与传统的模板匹配跟踪相比，本方法的计算量更少，计算速度更快，原因之一是模板匹配是以区域为基础进行光栅扫描，而此方法则仅专注于对象点来搜索匹配点。

表 3.6　每 1 帧跟踪的计算时间

RGB 跟踪	HSV 跟踪	模板匹配
63 ms	67 ms	116 ms

12. 总结

本研究的目的是解决激光雷达密度稀疏的问题。LiDAR 发射放射线状的尖锐激光束，因此在远距离的点云数据密度会变得稀疏。一般的解决方法是使用更高分辨率的 LiDAR 来实现点云的高密度化，然而高分辨率 LiDAR 价格昂贵，而且激光束之间的空隙还会因距离变长而变大。

基于上述原因，本研究考虑了在 LiDAR 数据中融合摄像头图像的方法，并利用摄像头颜色信息进行点云跟踪，虚拟地增加了下一帧中的点云数据。在融合摄像头和 LiDAR 时进行了校准，以使摄像头和 LiDAR 的坐标位置和坐标保持一致。通过将 3D 点云数据转换为 2D 图像坐标，摄像头颜色信息被用于搜索相邻帧中的匹配点。通过将 RGB 数据作为三维向量进行处理，使用内积进行匹配点搜索，进而还采用不易受周围亮度变化等因素影响的 HSV 数据进行了匹配点搜索，并通过使用 LiDAR 的距离数据来限定搜索范围。最后，对 3D 点云数据进行了三维重构。已在实验中将方案应用于前方行驶车辆数据。结果表明，该方案可以提高形状复原率。此外，还验证了按 RGB 搜索会随着跨越多个帧而偏差变大，而按 HSV 搜索则可抑制匹配点偏差。

本研究通过使用摄像头颜色信息，实现了基于点的跟踪。与以往基于模板匹配的跟踪方法相比，此方法还可抑制计算成本。此外，为了应用本方法，给出了在虚拟 RGBD 摄像头上予以应用的例子。图 3.19 为仅通过 LiDAR 点云生成的地图，图 3.20 为融合了点云和图像信息的地图。由此可以看出，通过融合 LiDAR 和摄像头颜色信息，可以实现更加丰富多彩的表达。而使用包含图像信息的地图，则可以实现基于视觉的 SLAM（Visual SLAM），即可以通过摄像头判断自身位置。

图 3.19　仅用基于 LiDAR 的点云生成的地图

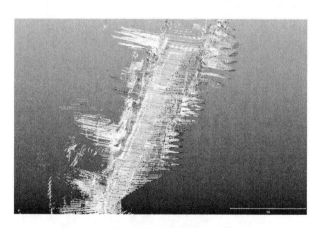

图 3.20　融合了点云和图像信息的地图

3.3　传感器融合的种类

　　多个传感器的数据融合方法中，最简单的方法是将各种传感器数据互补并简单相加，从而组合输出。换言之，对多个传感器进行 OR 处理，就是"复合"处理。而比"复合"处理更复杂的处理方法，也可以考虑"统合"处理，即对传感器数据实施某种乘法和演算处理之后获得汇总信息。换言之，对多个传感器进行 AND 处理，例如前面所介绍的对多个传感器得到的可信性进行加权平均，即此类方法。

最受期待的传感器融合方法是"融合"类处理，即对各种传感器数据采取协调性、竞争性处理，从而获得从各单独数据无法获得的新感知表征。例如，立体摄像头获得的距离信息是两个单目摄像头的数据相互融合的结果，虽然单目摄像头的数据为 2D 形式，但是立体摄像头却可以输出新的 3D 感知表征。

除了在传感器数据之间进行处理并获得结果的单向处理之外，还可以考虑运用传感器数据的相互关系进行"网络"处理。在人类的感觉信息处理过程中进行的"传感器融合"就是"网络"处理。

如果将传感器融合分为复合、统合、融合、网络 4 种类型，则 A 传感器和 B 传感器的融合情况如下：

1）复合传感器，仅为 A 传感器和 B 传感器简单相加，以 AB 传感器的形式运行，如图 3.21a 所示。

2）统合传感器，对 A 传感器和 B 传感器进行 f 运算之后，以 $f(A，B)$ 传感器的形式运行，如图 3.21b 所示。

3）融合传感器，使 A 传感器和 B 传感器相互融合，以新传感器 C 的形式运行，如图 3.21c 所示。

4）网络传感器，提取 A 传感器和 B 传感器的相互关系后，以 A 传感器↔B 传感器的形式运行，如图 3.21d 所示。

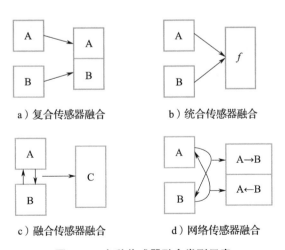

a）复合传感器融合   b）统合传感器融合

c）融合传感器融合   d）网络传感器融合

图 3.21　各种传感器融合类型示意

参考文献

［1］齊藤真衣，沈舜聡，伊東敏夫：LiDAR とカメラを用いたセンサフュージョンによる遠距離スパース点群の補間手法，自動車技術会 2021 秋季大会学術講演会論文集，20216069，No. 96-21（2021）

［2］"Honda | 自動運転レベル3 型式指定を国土交通省から 取得"，https://www. honda. co. jp/news/2020/4201111. html.［アクセス日：2020 年 12 月 20 日］

［3］改發荘，松原大介，大澤定夫，"自動運転車両の社会実装を推進"，自動車技術，vol. 74，No. 10，pp. 48-54，（2020）

［4］横山利夫，武田政宣，藤田進太郎，安井裕司，"Honda の運動支援および自動運転の現状と今後"，計測と制御，第 54 巻，pp. 828-831，（2015）

［5］K. Yoneda，N. Suganuma，R. Yanase and M. Aldibaja：Automated driving recognition technologies for adverse weather conditions，IATSS Research，vol. 43，pp. 253-262，（2019）

［6］K. Kidono，T. Miyasaka，A. Watanabe，T. Naito and J. Miura：Pedestrian Recognition Using High-definition LIDAR，IEEE Intelligent Vehicles Symposium，pp. 405-410，（2011）

［7］Z. Zhang，"A Flexible New Technique for Camera Calibration"，（1998）

［8］藤吉弘亘，"物体追跡技術"，映像情報メディア学会誌，vol. 62，No. 6，pp. 849-855，（2008）

［9］Matlab Simulink-MathWorks 日本：異なる色空間間での変換について，https://jp. mathworks. com/help/images/understanding-color-spaces-and-color-space-conversion. html.［アクセス日：2020 年 1 月 28 日］

［10］Puck Lidar Sensor，High-Value Surround Lidar | Velodyne Lidar，https://velodynelidar. com/products/puck/.［アクセス日：2020 年 12 月 20 日］

［11］HD Webcam C270n，https://www. logicool. co. jp/ja-jp/product/hd-webcam-c270n.［アクセス日：2020 年 12 月 20 日］

第4章

各种传感器融合的实例

如果将复合、统合、融合、网络4种传感器融合方式应用于驾驶辅助系统或自动驾驶的主动型传感器和被动传感器融合时，会出现哪些融合情形呢？在思考这个问题时，先假设传感器融合车辆模型如图4.1所示，为了监控本车前方车辆行驶状况，车辆上安装的主动型传感器有 LiDAR 或无线电雷达，安装的被动传感器有摄像头或立体摄像头。

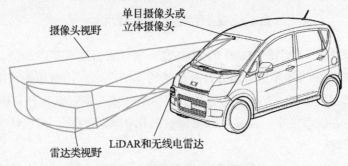

图4.1　传感器融合车辆模型

1）假设被动传感器视野角度比主动型传感器广，那么在拥堵时自动跟随前车时通过主动型传感器识别前方车辆，同时利用被动传感器对主动型传感器不可见的加塞车进行检测，可认为此系统是复合传感器融合。

2）由主动型传感器识别前方行驶车辆，再根据被动传感器识别车道的结果来判断前方行驶车辆是否位于同一车道上的系统，可认为此系统是统合传感器融合。

3）主动型传感器不识别前方行驶车辆，仅测量主动型传感器所处位置的距离，通过被动传感器的图像识别来判断是否为车辆形状，判断返回反射波的物体是否为前方行驶车辆。此系统属于融合传感器融合。

4）通过理解主动型传感器和被动传感器信息间的关系来识别对象，以预测、学习、存储等为目的，相互关系与存储内容不同则判断为传感器异常，此类识别行驶环境的方式，为网络传感器融合。

4.1 复合传感器融合

下面更为详细地介绍复合传感器融合的具体实例，如图4.2所示。该实例的传感器融合由两个传感器组成，分别为LiDAR和单目摄像头，传感器融合被用于ACC。假设LiDAR的视野（Field of View，FOV）比摄像头的FOV小，但是可检测较远距离。此时，LiDAR只要缩小FOV，就可在远距离检测的同时也能保持较高的分辨率。

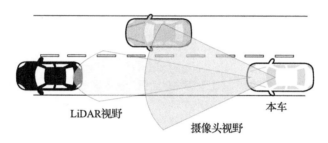

LiDAR视野   本车

摄像头视野

图4.2　复合传感器融合的具体实例

假如摄像头的FOV比LiDAR的FOV宽，仅可进行短距离的检测。此时就需要利用LiDAR测量与本车车道前方行驶车辆的车间距离，用摄像头识别比本车车道宽的左右车道的车辆。此时，摄像头负责检测加塞车辆，以弥补LiDAR的FOV较窄的缺点。在该系统中，LiDAR和摄像头的作用相互独立，可以认为这是复合传感器融合系统。

该系统可检测仅通过LiDAR无法检测的其他加塞车辆，因此可顺利地实现ACC。如果不加入摄像头，则只有在其他车辆已经加塞时才能检测出，这将导致本车必须紧急制动。

4.2 统合传感器融合

下面介绍统合传感器融合的具体实例，如图4.3所示，同样是使用了LiDAR和单目摄像头的ACC。这次假设LiDAR和摄像头的FOV大致相同。检测的场景为，本车前方有两条弯道，其中任一车道上都有前方行驶车辆。那么怎样安装ACC才能确定本车的前方行驶车辆呢？一般情况下，仅通过LiDAR即可在弯道中根据转向盘的转向操纵角度计算本车的预计行进轨迹，判断前方行驶车辆是否位于本车车道。

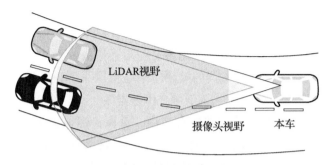

图 4.3 统合传感器融合的具体实例

在本车尚未进入弯路并且正准备打转向盘时，或者位于 S 形道路时，从原理上无法使用该方法。此时需要对基于摄像头的车道识别结果和基于 LiDAR 的前方行驶车辆位置予以统合，才能判定前方行驶车辆与本车是否位于同一车道上。也就是说，正因为进行了车道识别，才能够判断前方两辆先行车中哪一辆位于本车车道上行驶。

4.3 融合传感器融合

下面介绍融合传感器融合的具体实例，如图 4.4 所示，这是使用了 LiDAR 和单目摄像头的自动制动功能。自动制动的难点在于如何识别静止物体。对于移动的物体可以根据相对速度和使用环境，判断其是否为前方行驶车辆。然而如果仅使用主动型传感器，难以判断静止的物体具体是停止车辆、行人还是其他物体，也可能是路面上的下水道井盖或视线引导标志。

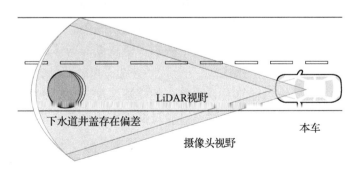

图 4.4 融合传感器融合的具体实例

就算通过某种措施能够识别路面的下水道井盖或视线引导标志，从而实现了精准检测前方障碍物，仍然会存在一些问题。比如下水道井盖存在偏差导致井盖露出了一定厚度，于是 LiDAR 产生了反应，或者车辆在非常陡的坡道路上行驶，而道路上有视线引导标志提醒坡道前方有建筑物，LiDAR 却错误地将标志识别成了障碍物，这都是无法被允许的。因此需要利用摄像头较强的模型识别能力以辅助主动型传感器。将主动型传感器的检测结果与摄像头的识别结果融合，输出包含 3D 信息的识别结果，这种方式属于融合传感器融合。

对于使用摄像头的融合传感器融合来说，摄像头图像的处理方法较为重要。也就是说，选择不同的图像处理、图像识别、图像理解（计算机视觉）方法，性能会发生变化。选择何种方式要视具体目的而定。使用摄像头的目的是将摄像头的擅长性能融合进来，摄像头的擅长性能是指跟踪、模型分类、模型识别。接下来重点介绍它的跟踪性能。

如果当主动型传感器检测出多个对象物体，并且随着时间的推移物体位置相互交错时，仅使用主动型传感器进行跟踪时会产生问题。如果仅仅是物体位置交错，而物体位置只是同一车辆等对象物的点那也没有问题。然而主动型传感器的空间分辨率和位置精度较低，两个物体的点可能会因时间变化而交错。此外还存在检测到弯道入口的护栏，却误认为是前方行驶车辆在紧急停车的情况。摄像头数据的跟踪性能优于主动型传感器，因此可以利用摄像头数据解决此类问题。

在用于跟踪的摄像头图像处理算法中，最简便的方法是使用模板匹配。用于匹配的图像是对象时刻图像以及下一帧图像。对象模板和匹配目标的区域为主动型传感器所检测出的对象物体位置。换言之，将主动型传感器在对象时刻所检测出的位置作为模板，并在主动型传感器下一帧中检测出的位置上进行匹配。

只要主动型传感器所检测出的对象物体位置在下一帧时也是相同物体，那么在图像一侧进行的模板匹配结果错误值就会比较低。然而如果主动型传感器所检测出的物体位置在下一帧时变为其他物体，则图像一侧的模板匹配结果错误值就会较高，这表示主动型传感器跟踪失败。此时将主动型传感器所检测出的其他物体位置作为匹配对象来进行计算，只要寻找错误值较低的物体位置并对物体位置进行修正，仍可继续进行跟踪操作。

该方法中的图像一侧的计算总是为简单的模板匹配计算，不需要进行模型分类或识别那样的高级处理。也就是说，可通过低成本计算来弥补主动型传感器的缺点。

除模板匹配之外，光流也可以用于跟踪。模板匹配是判断两帧的图像是否相同，如果使用光流，则可知对象图像向哪个方向移动了多大程度。换言之，如果使用光流，则当主动型传感器选择的点位置在帧和帧之间存在变化时，可判定该变化是否合理。一般的主动型传感器不检测纵向位置而仅检测横向位置，因此用于光流的移动信息也仅为横向。

光流的适用区域与模板匹配相同，将主动型传感器检测出的以对象物体位置为中心的区域作为图像处理的对象区域。在该区域以及主动型传感器于下一帧中所选定的对象物体位置图像区域之间进行光流估值计算。光流计算最好不用模板匹配，而用时空梯度法。如果在光流估值中使用模板匹配，则计算成本较高，并且和前面所述的在跟踪操作中应用模板匹配的方法并无差别。此外，采用时空梯度法可以判断两对象帧之间是否为相同区域，因此这种方法可比模板匹配法更为精准地进行判断。

时空梯度法对图像噪声敏感，因此在室外使用的情况下需要加以注意。如果摄像头的处理成本有富余，可以同时采用模板匹配和光流两种方法。

在摄像头的处理成本有富余的情况下，也可以考虑应用更高性能的匹配方法。例如，可以使用弥补了模板匹配缺点的尺度不变特征变换（Scale Invariant Feature Transform，SIFT）。在进行匹配的两帧之间，模板匹配在图像的放大、缩小或旋转以及亮度有变化的情况下容易产生匹配错误。而 SIFT 则擅长处理图像的放大、缩小、旋转以及亮度的变化，如果使用 SIFT，则可更精准地计算两帧间的匹配精度。

接下来看一下正在追随前方行驶车辆的场景。主动型传感器通常为每 100ms 扫描一次前方车辆，因此摄像头的两对象帧之间也是 100ms 的间隔。在 100ms 期间，前方行驶车辆的图像急剧放大、缩小、旋转而导致不能进行模板匹配的情况较为少见，如果在意这些变化点，则可在两帧的基础上，结合其前后的观测结果来进行判断。因此对于跟踪过程中的摄像头使用来说，作者认为采用模板匹配或光流就足够，甚至可以不用 SIFT。

如果在意模板匹配的缺点（不擅长处理放大、缩小、旋转和亮度的变化），且认为 SIFT 计算成本太高，可以考虑将对象区域变换为梯度方向直方图（Histograms of Oriented Gradients，HOG）。变换为 HOG 之后，会特别更擅长处理亮度的变化。在追随前方行驶车辆的情况下，大量区域的图像急剧放大、缩小、旋转的情况较为少见，但是亮度却有可能发生急剧变化。

例如，如果是白天，图像的亮度模型会因建筑物等的影子而发生变化，如果是夜间，则亮度模型可能会因本车或其他车辆的照明而发生急剧变化。此外，如果前方行驶车辆制动，制动灯亮灯，或转向信号灯闪烁，则亮度模型也会发生急剧变化。在此种情况下，即使在模板匹配中观察到同一物体，错误值仍有可能较高。对于此类亮度形态变化，HOG 可观察到每个块的匹配性，因此不仅是整体亮度变化，即使只有一部分亮度模型发生变化，也能判断为观察到了同一物体。

如果使用彩色摄像头，则可能消耗比黑白摄像头更低的跟踪计算成本。使用黑白摄像头的特征在于对象区域的亮度分布模型，因此使用了模板匹配。而彩色摄像头则不仅可以使用对象区域的亮度分布，还可以使用颜色分布模型，因此即使不进行模板匹配，也能通过观察颜色分布模型的类似度实现跟踪前方车辆。

色彩信息主要是 RGB 数据。每个像素都有 RGB 值，包含距离信息的则被称为 RGBD，是理想的环境传感器数值。

在组合彩色摄像头和主动型传感器的情况下，为了填补主动型传感器的缺陷会使用色彩信息。因此，无须使用 RGBD 中的 D，仅通过 RGB 进行跟踪即可。不过，虽然 RGB 表示颜色信息，但是由于 R、G、B 的分布模型相似，难以呈现出明确的差别，因此为了使颜色信息更加突出，可以改用 HSV 信息。

我们先将 RGB 的各值放入 RGB 直角坐标之中，并视作 RGB 向量。此时，应当观察第一象限内的差异。不过，在这里我们将其转换成 HSV，关注 H 值。由于 H 是 360°圆上的数值，虽为二维向量，但差异比 RGB 更加明确。

在使用摄像头进行图案分类时，可以考虑独立于主动型传感器检测之外，仅通过图像处理进行形态分类，使其结果与主动型传感器所检测出的物体位置保持一致。在通过图像处理进行形态分类的情况下，对象物体的切取（区域分割）操作较难以进行。因此，利用主动型传感器所检测出的物体位置效率更高。

换言之，可以和跟踪操作一样，以主动型传感器所检测出的物体区域为中心进行形态分类即可。形态分类的代表性方法为 HOG 和迭代算法（Adaboost）。通过 HOG 使图像多维化，使用多个样本图像学习检测对象，对学习结果的每个小区域使用支持向量机（Support Vector Machine，SVM）进行分类，通过 Adaboost 对这些结果进行统合并确定分类。具体而言，在一般的交通环境中重要的对象物体大致可分为汽车、两轮车、行人这 3 种，因此收集这 3 种样本和多个其他种类样本，求出这些种类的平均 HOG 模型。然后由 SVM 决定所切取区域的小区域分类为哪一种，最终使用 Adaboost 将其结合并予以判断。

4.4 网络传感器融合

网络传感器融合的思路是着眼于传感器数据间的关系。两个以上的传感器数据的关系可视为这些传感器数据所形成的网络状态。

4.4.1 互耦神经网络

要思考网络状态，不妨尝试采用理论已经较为明确的神经网络。神经网络的模型以单元和链路来表示神经元，将单元 A 的输出 y 和单元 B 的输入 x、连接单元之间的链路的权重设为 w，x 和 y 的关系如下式所示。

$$x = wy \qquad\qquad (4-1)$$

在连接至多个单元 A_i 与单元 B 的状态下，设各链路的权重为 w_i，那么 x 和 y_i 的关系如下。

$$x = \sum w_i y_i \qquad\qquad (4-2)$$

由此可知，x 的状态由权重和输出决定。因此，对单元 B 的输入不仅因链路 A 的输出而变化，还会因权重的状态而变化。

单元的状态可以是兴奋状态或抑制状态。此处，假设在兴奋状态下输出 1，在抑制状态下输出 -1。

我们将两个传感器的融合视为两个单元相互连接的神经网络。首先研究两者之中有一个（二选一）产生兴奋状态的神经网络。可认为这样就可以形成两个单元相互进行输入输出的双稳态神经网络。

由于两个单元都会输入输出，因此为两条链路连接的形式。在双稳定神经网络中，各单元除相互的输入输出以外，还可以从外部输入。两条链路的权重 w 均为 $w < 0$。假设当前单元 A 处于兴奋状态，单元 B 处于抑制状态，则单元 A 的输出为 1，权重 w 为负，故对单元 B 的输入为负值。同理，单元 B 的输出为 -1，权重 w 为负，故对单元 A 的输入为正值。单元 A 的兴奋状态和单元 B 的抑制状态由此得以维持。

再考虑从两个传感器中二选一，那么采用与单元 A 对应的传感器数据，不采用单元 B 的传感器数据。因为是二选一的方式，可以说这是一种稳定的网络结构。

接下来设单元 A 为抑制状态，单元 B 为兴奋状态。此时，与刚才相反，维持单元 A 的抑制状态和单元 B 的兴奋状态。

假设在各单元中，除了相互结合的输入输出之外还有输入发生。单元在输入的总和超过某个阈值时会得以激发，从抑制状态转为兴奋状态。

假设单元 A 处于抑制状态，单元 B 处于兴奋状态。当从外部向单元 A 进行正输入时，单元 A 就会激发，从抑制状态转为兴奋状态。

当单元 A 转为兴奋状态时，则对单元 B 的输入为负，单元 B 从兴奋状态转为抑制状态。也就是当一个单元的状态改变时，另一个单元的状态也随之改变。此状态下，两个单元同时改变状态，两者各自的兴奋状态与抑制状态不断交替出现。

在实际的生物神经元中，链接权重 w 相当于突触的结合强度。突触是神经元之间的连接部分，通过实验确认到该结合强度会变化。

发现突触的结合强度发生变化的是心理学家唐纳德·赫布，所以这种规律被命名为赫布学习律。根据赫布学习律，神经元的反复激发会使突触的结合强度增强，相反，如果长时间不激发，突触的结合强度就会减退。

拓展赫布学习律的常见做法是，如果结合的两个单元同为兴奋状态或抑制状态时，权重增加，一方为兴奋状态而另一方为抑制状态时，权重减少。在双稳定神经网络中适用此拓展方法，由于一方为兴奋状态，另一方为抑制状态，因此将链路的权重 w 设为负。此外，根据赫布学习律，权重 w 是随时间 t 变化的变量。当权重的变化消失且稳定时，视为单元之间处于协调完毕的状态。

如果将单元 A 的输出设为 y_A，将单元 B 的输出设为 y_B，则协调度 C 可以用下式表示。

$$C = wy_Ay_B \qquad\qquad (4-3)$$

在网络传感器融合中，传感器之间的关系变得重要。由于两个传感器之间仅构成一种关系，因此我们来考虑一下由两个以上传感器产生多种关系的情况。

不仅要考虑双稳定神经网络，还要考虑通过单元（对应传感器数）之间相互连接、相互结合的神经网络来实现伦理观。假设融合 3 种传感器。

在与 3 种传感器对应的 3 个单元相互双向结合的神经网络中，每个单元具有来自其他单元的两个输入和两个输出。此外还有对每个单元的外部输入。单元因该输入而处于兴奋状态或抑制状态。因此，在整个网络中存在 $2^3 = 8$ 种运行状态。

将 N 个单元的第 i 个单元的输出设为 y_i，将从第 i 个单元到第 j 个单元的链路权重设为 w_{ji}，则可用下式表示相互结合神经网络的协调度。

$$C = \sum \sum w_{ji}y_iy_j / \left[N(N-1) \right] \qquad\qquad (4-4)$$

式（4-4）中有 3 个单元，且所有的单元都互相连接。

如果仅看其中两个单元，也可将两者视为双稳定神经网络。

例如，LiDAR 单元和摄像头单元相互牵引。各单元是兴奋状态还是抑制状态，由各自的传感器的置信度决定。

此外，根据赫布学习律，链路的权重随着时间的推移而变化。因此，3 个单元相互结合的网络并不是指仅取 8 种状态，而是要取无数种状态直到权重稳定，最终会有 8 种稳定状态。

对各单元的输入多种多样，因此与 8 种稳定状态相对应的状态就更多。如果让权重 w 的变化遵循赫布学习律，则与权重 w 的时间相关的微分方程见式(4-5)。

$$dw/dt = -\beta(w - y_Ay_B) \qquad\qquad (4-5)$$

式中，β 是表示变化程度的正常数。该方程的含义是，权重 w 的每单位时间的变化与 w 和积 $y_A y_B$（单元 A 和单元 B 的输出之积）的差成比例，比例常数为 β。因此，权重 w 的极限值为 $y_A y_B$。

该方程的一般解如下。

$$w = Ke^{-\beta t} + y_A y_B \qquad (4-6)$$

式中，e 是自然对数的底数；K 由 $t=0$ 时的 w 初始值和 $y_A y_B$ 决定。该式的第一项 $Ke^{-\beta t}$ 随着时间的推移而越来越接近 0，因此可以看出 w 的极限值确实为 $y_A y_B$。

由上述内容可知，即使有 3 个传感器，并将各传感器的置信度（该传感器的输出有多大程度值得信赖）设定为"有或无"这两种简单的值，由 3 个传感器构成的网络也可以表示 8 种以上的状态。

4.4.2　置信度

置信度是传感器之间关系中最为重要的要素将检测值相对于各种传感器的理想值接近到何种程度作为置信度。

由于各种传感器的理论值因各种传感器的特性而异，因此不存在通用指标。例如，在通过摄像头或 LiDAR 进行匹配的情况下，以误差 0 为理想值。

反射率是主动型传感器的一个关键值，因此将其视为理想值，将反射强度视为置信度。由于无线电雷达对于汽车的反射率较高，对护栏、下水道井盖等金属物体的反射率也高，因此可以将反射率和相对速度搭配组合的指标作为置信度。

LiDAR 中对于汽车车体部分的反射率较高，对玻璃部分的反射率则较低，因此可以规定对象物体的反射特性。例如，将汽车的反射镜作为特征，如果在聚合类物体的两侧有反射率较高的部分，则认为汽车车身背部的置信度较高。

1. 霍夫变换

用单目摄像头进行车道识别时的置信度如下。在直线检测算法中使用哈夫变换的情况下，可以将投票数用于置信度。霍夫变换已在第 2 章的立体摄像头内的传感器融合中进行了说明，这里从置信度的角度出发进行说明。

所谓霍夫变换，就是以表示图形的参数为变量，将图像空间中的点变换（投票）为参数空间中的线，将投票数较高的位置视为所求图形的算法。下面说明直线的霍夫变换概念。

针对图像空间中的直线 $y = a_0 x + b_0$，考虑 a 和 b 参数空间，图像上的点 (x, y) 在参数空间中被映射为 $b = -ax + y$ 的直线。将图像上的直线候补点云投票至参数空间，如果候补点云是直线上的点，则与参数空间中的候补点云对应的直线群在点（a_0，b_0）相交，从而求出直线参数 a_0、b_0。

也就是说图像空间的直线度决定了在参数空间的相同位置相交的直线数。投票数越多，直线度越高，因此可以将投票数用于直线的置信度。

这里介绍的霍夫变换仅为概念，不同于实际的使用方法。因为当直线的斜率 a 变大时，ab 空间也越大，如果直线与 y 轴平行，$a = \infty$，则 ab 空间也变成 ∞，这是不现实的。

可按照将直线变换为使用和原点的距离 ρ 以及和 x 轴所成的角 θ 来表示，通过式（4-7）来进行向 $\rho\theta$ 空间的变换。

$$\rho = x\sin\theta + y\cos\theta \qquad\qquad (4-7)$$

式中，ρ 是从 xy 轴的原点到直线的距离；θ 是从原点到直线的垂线与 x 轴所成的角度。与 ab 空间做法相同，图像空间中直线上的某一点在 $\rho\theta$ 空间中也将成为一条曲线。直线上的不同点在 $\rho\theta$ 空间中形成不同形状的曲线。这两条曲线在某一点相交，其 ρ 和 θ 的值表示原来的直线。

道路上的白线位置可以用 LiDAR 检测出来。如果能做到这一点，就可知道道路白线的三维空间信息。

如果可以从白线上检测出大量点云，则可以与单目摄像头车道识别的情况一样应用霍夫变换。换言之，虽然 LiDAR 获取的白线反射点是三维的，但是只要将其视为平面图像信息，即可直接运用单目摄像头的霍夫变换。

2. RANSAC

在用 LiDAR 进行车道识别时，大多情况下会选用随机抽样一致算法（Random Sample Consensus，RANSAC）。RANSAC 也是与霍夫变换同样不易受噪声影响的一种方法。可能你会认为，求基本直线的方法只要采用最小二乘法（计算直线和哪些数据匹配）即可。基于最小二乘法的直线检测，是计算直线与数据的误差，求出与各数据误差总和最少的直线。然而，如果在应用最小二乘法的数据中包含噪声［在模型拟合问题中称为离群值（outlier）］，则直线的参数会由于离群值而出现大幅偏离。霍夫变换中将投票数最多的点作为需要求出的参数，因此不易受离群值的影响。

RANSAC 会随机地对数据进行采样来计算模型的参数，并应用其他数据来计算该参数与目标参数的匹配程度，因此不易受到噪声的影响。此外它还与霍夫变换一样，可以将数据匹配程度作为置信度。

RANSAC 是一种将数据随机应用于模型的方法。下面介绍求直线模型的具体实例。

首先，以随机选择的任意两点为样本连接直线。然后稍微增加所连接直线的宽度，计算有多少个点位于该宽度的粗直线上。

对其他两个点的点云重复该步骤。重复多次，寻找可以覆盖最多点云的增宽粗直线的两点。然后反复进行该操作，直到从所有的点云中选出两点为止，将提供最多点云的两点视为最终解。于是，也可以将粗直线上的点云数转换为置信度。

如果图形变得复杂，就很难用参数来表现，因此当目标图形变复杂时，RANSAC 比霍夫变换更容易运用并发挥作用。

立体摄像头的距离检测利用了左右摄像头的视差，很容易定义置信度。其原因在于，视差检测最基本的内容就是对左右摄像头的物体进行匹配处理，所以在匹配时可以将匹配误差用于评价函数之中。

3. 立体摄像头的置信度

我们知道立体摄像头通常会对左右摄像头进行校准，映在左右摄像头中的物体在外极线上进行匹配。所以，以右侧摄像头图像为模板，在左侧摄像头图像的外极线上搜索与模板误差最小的位置即可。

理想情况下，如果存在与模板相同的图像，则误差为 0。但是由于以下原因，误差不可能为 0。

1）由于摄像头有随机噪声，即使使用不同的摄像头拍摄相同的对象，也无法获取相同的图像。

2）由于左右摄像头的观测方向不同，对象物体看起来也不一样，因此即使观察对象相同，在左右摄像头中也无法获取相同的图像。

因此通常以误差为最小值的位置为匹配位置。但是也存在如下特殊情况，因此有时也不能单纯地将误差最小值位置作为匹配位置。

1）还有其他接近最小值处，或有两个以上最小值。

2）最小值的绝对值大，无法视为匹配位置。

因此，可以设定匹配位置成为最小值的必要条件，以下为两个例子：

1）误差分布是匹配位置成为最小值的谷状。

2）最小值的绝对值低于某个阈值。

满足此两项条件的最小值位置即匹配位置，可以将满足此两项条件的程度作为置信度。此外，存在两处以上最小值且满足此两项条件的情况时，可以按照不存在匹配对象进行处理。

4. 单目摄像头车辆识别

由于确定车辆形状特征的方法较为明确，可将该值直接用于置信度。因此使用单目摄像头的车辆识别算法很容易设定置信度。

一般来说，单目摄像头车辆识别是以从后方观察到的车辆为前提。因此初始操作为在图像中车辆的存在区域内搜索矩形形状。

由于电子不停车收费（ETC）装置这类对象物体看起来也是矩形，如果仅以矩形为条件，ETC 这类对象物体会被错误识别为车辆。因此还需引入如下两个条件：

1）矩形内的模型在水平方向上对称。

2）矩形两端有红色。

尽管这种特征很简单，但如果考虑到时间序列中的物理成立性，则不需要诸如深度学习这样的学习算法也可以识别车辆。由于矩形、对称、红色这些条件都有相应的理想值，所以可以很容易地定义所达到的级别，可直接用于置信度。

作为单目摄像头车辆识别的具体算法，下面来介绍基于边缘直方图置信度的设定方法。边缘直方图是通过微分处理强调边缘部的像素值，再向某个方向投影相加从而生成直方图的算法。

在有可能存在车辆的区域中设定横向较长的矩形的感兴趣区（Region of Interest，ROI），即 H - ROI 和纵向较长的 V - ROI。进行微分处理后，在 H - ROI 中沿纵向投影相加像素值，在 V - ROI 中沿横向投影相加像素值，生成直方图。

H - ROI 的直方图呈现出以车辆两端为峰值的线对称 M 字形状。而 V - ROI 则会呈现多个峰值的梳齿形状。因此最为理想的是采用由 H - ROI 的两个峰值和 V - ROI 的最上部、最下部的峰值构成的矩形来表示车辆形状的矩形。

相对于表示车辆端部的直方图值的理想值，可以将处理后的值的比例作为置信度。如果仍还不够，则可将对称性因素添加到置信度中。

5. 行人识别的置信度

在基于单目摄像头的行人识别中，置信度的设定方法因具体方式而异。最具代表性的行人识别方法是使用了 HOG 和 Adaboost 的机器学习方式以及基于深度学习的方式。

在行人识别中使用 HOG 时，计算一个像素的 HOG，由 5×5 像素的 HOG 构成一个单元，然后将一个块设为 3×3 单元。机器学习方式通过 SVM 对一个块的特征模式进行分类，区分究竟是接近多个行人数据的平均值还是接近多个非行人数据的平均值（学习数据）。然后用 AdaBoost 将这些结合整合起来，由此判断观察检测对象是否为行人。

利用由 SVM 进行分类的方式，即可将分类后的数值脱离 SVM 的分离面的程度作为置信度。此外，基于 AdaBoost 的判定需要根据系数合计值来判断是否为行人，因此可以认为系数的合计值越多，越像行人。也就是，将系数的合计值作为置信度使用。

SVM 是深度学习开始流行之前最强的机器学习法之一。即使在深度学习已经普及的今天，SVM 仍是一种切实可行的方法。

SVM 的思路是，在分类为两种模型时，使模型空间的分离 "余量最大化"。因此从寻找支持余量最大化分离面的图形值（向量）这一点上说，人们把这种方法命名为支持向量机。

如果通过 SVM 确定了分离面，则不仅可确定模型分类值的模型，还可计算出该模型值与分离面的距离。可以认为离分离面越远，属于该模型的置信度越高，也可将该距离值作为置信度。

HOG 识别行人时，对每个块进行基于 SVM 的模型分类。因此可以采用进行行人判定时的所有块的合计值来作为 SVM 的置信度。

提升行人识别的识别率，不仅可以采用 SVM，还可以采用 AdaBoost。AdaBoost 的操作方法是对多个弱识别器进行加权合成，使其最终成为强识别器。

弱识别器是在 HOG 的一个块中进行的 SVM 的判定。其要点在于不直接使用这些判断结果，而是赋予权重。权重会反复更新。将初始值设为弱识别器总数的倒数。接下来在权重总和为 1 的限制条件下使权重变化，使其与目标形态的误差最小。将实现最小误差的权重应用于弱识别器，将获得权重的弱分类器的总和作为强识别器使用。

因此，可以将 AdaBoost 的权重分布视为置信度。在将其用作置信度的情况下，与其采用弱识别器的全部权重，不如仅采用易于表现行人身体形状的（例如上半身）部分进行识别。

6. 深度学习的置信度

近年来，在单目摄像头的识别中使用深度学习的案例有所增加。下面就来思考采用深度学习时的置信度。

深度学习是由一系列积累的神经网络构成，共有几种类型，在摄像头图像识别中通常会用到卷积神经网络（CNN）。

CNN 方法可以在重复卷积层和池化层的同时深化网络，最终使各层的结合参数变化以使学习数据和误差最小化。卷积层相当于传统图像处理中的滤波器，池化层则用来吸收位置偏移和旋转。在网络权重学习中，用损失函数来确定对错误分类的惩罚，并用激活函数来将网络前一层的输出非线性地转换为下一层的输入。

每一层本身可以被认为是函数，这些函数可通过调整其自身参数来使误差最小化。为求出网络的最佳变量，网络参数采用最优化算法。

在思考 CNN 的置信度之前，先来看看如何评价识别结果。人类识别物体的结果是从对象物体形状中直接切取出的形状，而在机器学习中则一般通过包含对象物体的矩形形状进行识别。因此物体识别评价对象全部为矩形。

将恰到好处地包围对象物体的矩形作为基准真相（Ground Truth）。由此可以有以下 4 种可能结果：

1）精准地将 Ground Truth 识别为对象物体（真阳性）。

2）将非对象物体的矩形识别为对象物体（假阳性）。

3）将 Ground Truth 识别为非对象物体（假阴性）。

4）将非对象物体的矩形识别为非对象物体（真阴性）。

以上 4 种结果依次被称为真肯定（TP）、假肯定（FP）、假否定（FN）、真否定（TN）。采用这些指标时，准确率（Accuracy）如下所示：

$$Accuracy = (TP + TN)/(TP + FP + FN + TN) \qquad (4-8)$$

除准确率以外，也经常使用精确率（Precision）和召回率（Recall）作为评价指标。精确率的定义是

$$Precision = TP/(TP + FP) \qquad (4-9)$$

式（4-9）中为不包含 FN 的指标，因此只要不将非对象物体的矩形识别为对象物体（FP 为 0），就会得到较高的评价。对于类似于自动制动的障碍物传感器的系统来说（虽然也会存在检测遗漏）——一旦发生有 FP 为 0 这样的错误识别就会导致致命错误的系统——这是一项有效的指标。

召回率定义如下：

$$Recall = TP/(TP + FN) \qquad (4-10)$$

式（4-10）中为不包含 FP，但是包含 FN 的指标。因此如果将 Ground Truth 全部识别为对象物体（FN 为 0），则可以认为 Recall 是一项评价较高的指标。换言之，该指标即使将对象物体之外的物体识别为对象物体，对象物体也不会被遗漏。对于类似于障碍物警报的系统来说——对驾驶员予以通知的系统（包括可疑对象）——这是一项有效的指标。

如果采用 TP、FP、FN、TN 以及以此为准的指标的准确率、精确率、召回率，应该可以定义 CNN 的置信度。然而，这些指标均用于由人来评价 CNN 的输出结果，CNN 本身无法决定，因此不能用于确定置信度。

那么，CNN 的置信度应该如何确定呢？CNN 在输入到网络下一层时使用激活函数。最终全结合输出时所用的激活函数的软最大函数输出值可作为置信度

候选之一。

软最大函数将全部输出的总和输出为 1.0，用以下公式定义 n 个输出层的第 k 个输出 y_k。

$$y_k = \exp(a_k) \; / \; \sum \exp(a_i) \qquad\qquad (4-11)$$

式中，a_k 是第 k 个输入信号；$\sum a_i$ 是所有输入信号的总和；$\sum \exp(a_i)$ 是所有输入信号的指数函数的总和。

软最大函数的输出值用于 CNN 学习结果的分类。例如在对两类模型进行分类的情况下，根据输出值来决定其属于哪种模型。

这与通过 AdaBoost 确定模型的情况正好相同。可以认为 CNN 的软最大函数输出与用 AdaBoost 集成 HOG + SVM 的结果相同。

将基于 HOG + SVM 的方式与 CNN 进行比较，HOG 部分在 CNN 中为卷积层和池化层，SVM 相当于反向传播算法，AdaBoost 可以与软最大函数进行对比。一般来说，与 HOG + SVM 相比，CNN 的识别精度更高。但是 CNN 中有多层卷积层和池化层，由于处理结果为黑箱，其结果可能无法解释。而 HOG + SVM 方式即使识别结果失败也能明确知晓原因，所以至今仍在被使用。

上述各种置信度可以用作在双稳定神经网络中选择其中之一节点的参数。但是置信度是由各种传感器采用各自独特的方法计算出的参数，并非传感器的精度。可能存在传感器同时输出异常值和高置信度的情况。

7. 时间序列模型

除了置信度之外，作为评价传感器精度的方法，我们来思考一下时间序列中的稳定性。思路是先假设观察相同的目标物体时就会输出统计上较为合理的数据。

这是统计处理中的判断是否异常的思路，并且可以应用各种统计方法。这是先假设正常数据遵循正态分布，再检验观测到的数据是否为异常数据的方法。具体来讲，先根据传感器特性设定正常情况下的数据分布，再对正在观测的时间序列数据组进行检验。

在对时间序列数据进行统计分析时，主要是使用自回归模型。自回归模型（Autoregressive Model，AR 模型）是概率过程模型，在该模型中的时间点 t 的输出取决于时间点 t 之前的输出。

现在将 $s(t)$ 作为 t 时刻的样本值。那么最简单的线性 AR 模型可以用三维形式表示如下：

$$s(t) = as(t-1) + bs(t-2) + cs(t-3) + d + \varepsilon(t) \qquad\qquad (4-12)$$

式中, a、b、c、d 是常数; $\varepsilon(t)$ 是方差 σ^2 的白噪声。

进一步简化, 考虑仅依赖于 $t-1$ 时刻的 AR(1):

$$s(t) = as(t-1) + d + \varepsilon(t) \qquad (4-13)$$

假设时间序列数据的期望值 $\mathrm{E}[s(t)]$ 是恒定的, 设

$$\mathrm{E}[s(t)] = \mu \qquad (4-14)$$

则在 AR(1) 中,

$$\mathrm{E}[s(t)] = a\mathrm{E}[s(t-1)] + \mathrm{E}(d) + \mathrm{E}[\varepsilon(t)] \qquad (4-15)$$

因此,

$$\mu = a\mu + d + 0 \qquad (4-16)$$
$$\mu = d/(1-a) \qquad (4-17)$$

这里, 在 $|a| < 1$ 的情况下, 时间序列的随机变量序列具有平稳性, 其平均值、方差、协方差不依赖于时刻 t 而相等。由于 AR 模型仅适用于具有平稳性的数据, 因此这是一个重要条件。

当使用 AR 模型时, 需要通过实际时间序列数据确定 a 和 d 参数。最简单的方法是最小二乘法。

确定参数和检测异常数据的方法有使用统计模型的方法和基于数据间距离的方法。尽管 AR 模型是统计模型, 但也未必一定要在异常数据的检测中使用统计模型。

在使用统计模型检测异常数据时, 由于假设了正态分布, 有时很难适用, 因此, 可以认为基于数据间距离的方法更容易使用。广泛使用的基于数据间距离的方法包括 k 近邻法和局部离群值因子 (Local Outlier Factor, LOF) 法。

k 近邻法是将离群值这样大幅偏离的数据视为异常数据的方法。如果用 k 近邻法无法确认异常, 则使用 LOF 法。这种方法是关注邻近的集群, 根据被检测点是否包含在这些集群中来判断是否异常的方法。

作为时间序列数据的处理方法, 这里介绍了单变量的 AR 模型。处理时间序列数据的方法有很多, 可以根据不同目的选择使用。

如果以自回归模型为基础模型, 那么对于该系统还有另一个基本方法——移动平均模型 (Moving Average Model, MA 模型)。另外, 还有融合了 AR 和 MA 的自回归移动平均模型 (ARMA)、整合移动平均自回归模型 (ARIMA), 还有季节性差分自回归滑动平均模型 (SARIMA)。在多变量的情况下, 使用向量自回归模型 (VAR)。

8. 状态空间模型

如果不能对时间序列数据设定平稳性，则使用状态空间模型。在传感器数据的时间序列数据处理中，多使用以贝叶斯理论为前提的状态空间模型。典型的方法为卡尔曼滤波器和粒子滤波器。

状态空间模型与自回归模型的最大不同点在于使用两个模型作为 t 时刻的预测值，即使用观测值预测模型和状态值预测模型。

观测值预测模型是从目标物体的状态获得观测值的模型，称为观测方程。观测方程是一个对状态附加了噪声的方程。状态值预测模型是从前一时刻的状态获得状态值的模型，称为状态方程。状态方程是对前一时刻的状态附加噪声的方程式。

观测方程和状态方程的关系是利用原时刻的观测方程对由状态方程获得的原时刻状态进行修正。这种修正就是滤波器。修正方法是引入卡尔曼增益修正系数，修正后的状态按照以下方法计算。

修正后的状态 = 修正前的状态 + 卡尔曼增益修正系数 ×
（观测值 – 通过观测方程获得的观测值）

同时，卡尔曼增益修正系数按照以下方法计算。

卡尔曼增益修正系数 = 状态方程误差的方差/（状态方程误差的方差 +
观测方程噪声的方差）

正如其前身维纳滤波器是为了提高高射炮的命中率而开发的那样，卡尔曼滤波器适合于提高观测物体的跟踪精度。下面举例介绍如何将卡尔曼滤波器应用于单目摄像头对前方车辆进行跟踪。

为了利用单目摄像头检测前方车辆的边界框，先假设已知边界框的重心和车距。设坐标系的横向为 x，前方为 z。于是，车辆的重心为 (X, Z)，相对速度为 (Vx, Vz)，相对加速度为 (Ax, Az)。相对加速度可以通过两次测量获得，相对加速度可以通过 3 次测量获得。

由于可以观测到的是车辆重心和车辆之间的距离，因此观测矢量 $q(t)$ 为

$$q(t) = \lfloor X, \ Z \rfloor^{\iota} \qquad\qquad (4-18)$$

状态矢量 $s(t)$ 为

$$s(t) = \begin{bmatrix} X, & Z, & Vx, & Vz, & Ax, & Az \end{bmatrix}^{\mathrm{T}} \qquad\qquad (4-19)$$

然后假设 H 为观测矩阵，F 为状态转移矩阵，G 为驱动矩阵，则观测矢量和

状态矢量分别如下：

$$q(t) = Hs(t) + n(t) \tag{4-20}$$

$$s(t+1) = Fs(t) + Ge(t) \tag{4-21}$$

式中，$n(t)$ 是观测噪声；$e(t)$ 是系统噪声。

如果将卡尔曼滤波器设为 K，则可以通过以下公式求得最小方差估计量 $\hat{s}$：

$$\hat{s}(t \mid t) = \hat{s}(t \mid t-1) + K(t)[q(t) - H\hat{s}(t \mid t-1)] \tag{4-22}$$

$$\hat{s}(t+1 \mid t) = F\hat{s}(t \mid t) \tag{4-23}$$

在该卡尔曼滤波器的应用示例中，是通过状态方程的时刻求得 $t+1$ 时刻。即用于预测下一时刻。

卡尔曼滤波器的功能是平滑过去的数据，估计当前的状态量，并预测未来的状态量。因此，最小方差估计量也要求 $t+1$ 时刻的输出。

如前所述，卡尔曼滤波器可以根据观测数据，对实际无法测量的模型的状态量进行估计。也就是说，可以在不添加硬件传感器的情况下测量其他量，所以有时亦被称为软传感器。通过这种方法，即使没有足够的传感器，也可以估计目标量。另外，当利用多个传感器测量相同量时，卡尔曼滤波器还能够确定融合的恰当值，它可以作为传感器融合的最佳模型使用。

卡尔曼滤波器以在状态空间模型满足正态分布和线性度成立为前提。那么，当正态分布和线性度不成立时，该怎么办呢？

当正态分布成立但非线性度不成立时，可以使用扩展卡尔曼滤波器。这是通过对计算非线性系统的时间点进行微分运算并线性化的方法，使应用卡尔曼滤波器成为可能。

当正态分布和线性度都不成立时，使用粒子滤波器（Particle Filter）。这是将观测对象视为粒子集合的方法。而且，由于将 1 个粒子的行为作为概率分布来考虑，因此就不需要正态分布和线性度。所以，它与卡尔曼滤波器相比，更容易计算，也更容易实际应用。但是，由于必须计算很多粒子，因此存在计算成本高、计算速度慢的缺点。

9. 传感器融合的效果

通过对时间序列运用卡尔曼滤波器和粒子滤波器并进行状态估计，可以提高单目摄像头的检测精度。此外，在摄像头与 LiDAR 进行融合时，有两种不同思路，一是利用 LiDAR 的距离检测功能则不需要使用卡尔曼滤波器，二是利用卡尔曼滤波器进一步提高精度，通过这两种思路即可进行传感器融合。

首先，说明一下不需要卡尔曼滤波器的思路。如果由摄像头检测到的目标物体和由 LiDAR 检测到的目标物体被确定为相同的物体，那么就可以使用由 LiDAR 测量到的距离值作为目标物体的距离信息。由于 LiDAR 的距离值较为稳定，因此时间序列中的距离值处理不需要应用卡尔曼滤波器。

如果可以线性预测，则只要有过去 1 个时刻的 LiDAR 距离值，就能够结合当前时刻，预测下一时刻的距离值。此外，如果想通过二次预测提高精度，则使用过去两个时刻和当前时刻的值。在实际应用中，不需要使用比二次预测更高阶的值。

换句话说，通过使用传感器融合，可能就不需要以前那种对每个传感器进行精度改进的措施。通过对不同特性的被动传感器和主动传感器进行融合，应该能获得不错的效果。

如果被动传感器和主动传感器可以识别相同的目标物体，那么被动传感器将不再需要状态空间模型。这是因为，与其利用被动传感器估计的距离值，倒不如利用主动传感器的距离值，因为这样精度更高。于是也就不需要考虑被动传感器估计的距离值噪声。

主动传感器的距离值处理可以使用简单的自回归模型。如果忽略噪声，可以使用过去 1 个时刻和当前时刻的线性拟合或涵盖了过去 2 个时刻的 2 次拟合。

在被动传感器中使用状态空间模型的目的是缩小目标物体的候选范围。在被动传感器中，检测出目标物体通常是利用边界框正确地包围目标物体区域。由于存在多种可选的边界框包围方法，因此需要应用状态空间模型以缩小候选范围。如果使用主动传感器根据过去的距离值估计的位置，则可以选择与该距离值不矛盾的边界框。

由于无线电雷达的空间分辨率较低，因此虽然可以使用距离值，但是目标物体的横向位置信息却很难使用。在 LiDAR 中，如果点云的密度很高，则不仅可以使用距离值，而且可以使用横向位置，因此可以精确地选择边界框。

在先前给出的示例中，卡尔曼滤波器被运用于单目摄像头的跟踪之中，而边缘直方图法被用于检测前方车辆的边界框。边缘直方图是用单纯的方法求取目标区域中直线成分的较强区域。

由于前方车辆的后视图可以建模成矩形，所以理想的结果是检测出的直线部分（边缘峰值）与前方车辆的外形相对应。但是，通常由于受车辆的纹理、背景、附近的其他车辆的影响，除了前方车辆外形之外，还会观测到多个边缘峰值。

为此，引入了状态迁移模型，并利用卡尔曼滤波器进行边缘峰值的选取。通过卡尔曼滤波器对过去数据进行平滑处理，并设置卡尔曼增益，使得当前位置的估计结果与真值相匹配。使用该卡尔曼增益，预测下一时刻的边缘峰值位置，如果边缘峰值来到该位置，则采用该位置。因此，如果与 LiDAR 融合，则可以提高下一时刻车辆位置的预测精度，可以说不需要卡尔曼滤波器。这与单独的摄像头相比，不仅计算成本降低，而且预测精度也得以提高。

主动传感器不仅包括 LiDAR，还包括无线电雷达，目前人们在努力研究改善其空间分辨率差的缺点。原则上，如果增加用于相控阵列的天线数量，空间分辨率应该会提高。

此外，为了使传统的车载无线电雷达只检测横向方位角，主流做法是在水平方向上布置多个天线。如果还要识别纵向的仰角，只需在垂直方向上布置天线即可。

无线电雷达的优点在于采用了 FMCW，所以能够非常容易地检测出相对速度。也就是说，如果像 LiDAR 那样通过测量飞行时间来求取距离，则需要对相同目标物体测量两次相对速度。但是，FMCW 使用了啁啾信号，并且利用了发送波和接收波的多普勒效应导致的频率偏移来求取相对速度，所以只需一次测量就能检测出相对速度。对于无线电雷达来说，由于通过一次测量就可以知道距离和相对速度，所以仅凭当前时刻的值就可以对下一时刻的位置进行线性预测。如果加上过去 1 个时刻的值，那么就可以通过两次测量进行二次预测。

在静止环境中使用无线电雷达时，不仅空间分辨率差，而且因多径效应等，噪声较多，明显比 LiDAR 差。但是，如果将检测对象限定于移动物体，则由于能够检测出相对速度，因此能够很容易区分移动物体和静止环境，完全可以应用于高速公路的 ACC 等功能之中。

接下来，介绍通过传感器融合更有效地利用卡尔曼滤波器的思路。卡尔曼滤波器的基本思路是利用观测方程的观测值对状态方程的状态变量估计值进行修正。因此，如果描述状态方程状态变量的传感器和描述观测方程观测值的传感器为不同的传感器，就等于是利用卡尔曼滤波器进行了传感器融合。换句话说，假设状态的描述是基于摄像头实现的，而观测是由 LiDAR 实现的。此时从理论上看，对于卡尔曼滤波器来说最小二乘估计是最优方法，因此可以这么认为：并不是由于传感器进行了融合，所以就不需要卡尔曼滤波器，而是卡尔曼滤波器能够使融合效果在理论上达到最好效果。由于卡尔曼滤波器在传感器融合中提供了如此重要的理论框架，我们将在下一章进行详细说明。

4.4.3　免疫网络

到目前为止，为了确定用于网络传感器融合的各传感器之间的连接状态，我们一直在讨论置信度。我们可以按照该思路来设定各传感器数据的置信度，并在传感器数据相互结合的基础上进行扩展。

另一种使传感器数据彼此构成网络的方法是免疫网络。在解释免疫网络之前，让我们先解释什么是免疫。

事先声明，这里的免疫并不是广义上所说的保护身体的整体结构，而是狭义上所说的通过预防接种获得免疫之意。在作者小时候，当附近有某个小孩得了麻疹后，如果家里有未患麻疹的孩子，父母们就会将孩子带去那户人家，使小孩患上麻疹。这是为了获得麻疹免疫力，因为大家都知道人一旦患过该疾病就很难再患上这种疾病。当然，这对其他疾病并没有效果，这种免疫机制仅针对特定病原菌和病毒有特定的免疫力。

现在，人们在患病前就会接种疫苗，不再需要特意去患这种疾病。当然，需要专门针对该类疾病进行预防接种。

虽然麻疹一旦被治愈，人体就会产生免疫力，不会再得麻疹了，但是仍然可能患上腮腺炎（流行性腮腺炎）。

和麻疹一样，一个人如果没有得过腮腺炎，他或她对腮腺炎就没有免疫力。所以，通过感染麻疹病毒获得的免疫力对另一种病毒是无效的。

换句话说，某种特定病毒及其免疫力跟"钥匙和钥匙孔"一样，是一对一的关系。疫苗的预防接种也属于"钥匙和钥匙孔"的关系，必须一个个地接种结核、百日咳、小儿麻痹等疫苗。

此时，麻疹已经治愈的儿童血清中含有仅与麻疹病毒结合的特殊蛋白质。这种蛋白质被称为免疫球蛋白，它是仅与麻疹病毒结合的抗体。

将免疫球蛋白称为抗体时，麻疹病毒被称为抗原，而"钥匙与钥匙孔"的关系又被称为抗原 – 抗体反应。抗原具有与抗体结合的"钥匙"，即抗原决定基。

抗原决定基是由多种元素和氨基酸组成的复杂立体结构，这确实是一把"钥匙"。而作为"钥匙孔"的抗体，则具有与该"钥匙"相匹配并覆盖它的结构。

之所以针对一种病毒抗原只有一个抗体，是因为它被标记为抗体相对应的抗原。针对外敌病毒，为了保护身体，需要给淋巴细胞攻击提供标记。如果没有标记，淋巴细胞就不知道该攻击什么。如果在没有标记的情况下进行攻击，它就会攻击身体本身的细胞，因此一种抗体严格对应一种抗原。

表示外敌病毒抗原特征的抗原决定基具有被称为表位（Epitope）的突起。这相当于"钥匙"部分。

在负责免疫功能的 B 淋巴细胞的膜表面，安装有多个与抗原产生反应的"天线"，这是被称为抗原结合部位（Paratope）的抗原识别部位。这相当于"钥匙孔"。

抗原结合部位可以通过与表位一起像"钥匙和钥匙孔"一样产生特异性反应

来识别抗原，并产生抗体来排除抗原。与 B 淋巴细胞一样，T 淋巴细胞也对某些抗原产生特异性反应，排除感染细胞或调节 B 淋巴细胞的抗体产生。

由于抗体是由与抗原相同的蛋白质合成的，因此抗体本身也具有抗原决定基，并显示出抗原的特性。这种抗体所具有的抗原决定基被称为独特位（Ideotope）。

人体内有 1 亿种以上的抗体。如果都得像患上麻疹那样来获得麻疹抗体，那么人类得患病 1 亿次。但是，即使不生病，人体也能自然地获得一般的抗体（除了对抗特殊病毒的抗体之外）。可能是因为在肠道内有一种机制可以识别平时所吃食物的蛋白质结构，并设想未知的外部蛋白质结构来生产多种类型的抗体。

人们之所以认为偏食的孩子不健康，可能也是因为希望他们吃各种食物来生成各种抗体。没有偏食才会更健康。

此外，人们已经明白，免疫系统并不单纯只是抗体与在体液中分散漂浮着的抗原发生反应，而是一种在不同类型的抗体之间相互刺激和抑制的复杂系统。针对这种抗体间的相互作用，获得诺贝尔奖的免疫学家 N. K. 耶讷提出了免疫网络（Ideotope Network）学说[1-2]。

耶讷认为，由于抗体具有与抗原相同的蛋白质结构，因此自然界中的海量抗原上的表位也存在于个体自身产生的抗体分子上。而且，通过抗体间的 Ideotope 与抗原结合部位的反应，在包含 B 淋巴细胞在内的抗体之间形成了巨大的网络，如图 4.5 所示。

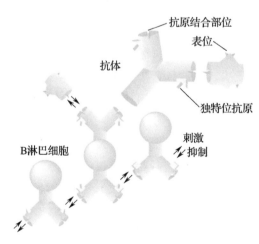

图 4.5　免疫网络示意图

这是耶讷提出的免疫网络学说。该学说认为抗原、抗体和淋巴细胞具有下述关系。

首先，当一种抗原侵入体内时，该抗原刺激具有"钥匙和钥匙孔"关系的抗体（抗体在淋巴细胞的膜表面），并生成与入侵抗原结合的抗体。然后，被刺激的淋巴细胞生成与该抗原相同类型的 Ideotope。于是，同时刺激了其他淋巴细胞，因为其他淋巴细胞上也具有抗原结合部位，和该 Ideotope 属于"钥匙和钥匙孔"关系。原淋巴细胞由于具有该抗原的抗体，因此被识别为抗原而刺激新的淋巴细胞，并抑制原淋巴细胞。

此外，由于原淋巴细胞具有相对于抗原的 Ideotope，因此出现与之反应的另一些淋巴细胞。由于原淋巴细胞将这些淋巴细胞识别为抗原，因此原淋巴细胞将抑制这些淋巴细胞。

如上所述，在耶讷的免疫网络学说中，以与抗原发生反应的淋巴细胞为中心，淋巴细胞之间通过抗体的 Ideotope 和抗原结合部位连接，淋巴细胞彼此形成网络。

在淋巴细胞彼此形成的网络中，淋巴细胞相互刺激和抑制，然后最终达到某个网络的平衡状态。

当发现抗原的淋巴细胞所形成的网络达到平衡状态时，人体就会发烧。这是一种与平衡状态相对应的状态，身体通过发烧来提高免疫系统性能。实际负责吞噬并清除抗原的巨噬细胞将在发烧区域积极地活动。当抗原由于巨噬细胞的活动而消失时，淋巴细胞之间的网络即被消除并形成新的网络状态。发烧的身体恢复至正常温度，就意味着应对新的网络状态。

换句话说，耶讷认为免疫系统不是一个个抗体或淋巴细胞独立发生反应，而是一个网络系统识别和抑制抗原的并行分布式处理系统。由于现阶段实际上无法观测到免疫网络，因此这样假设也不奇怪。

免疫的话题持续了很长时间，有诺贝尔奖学者提出了相关假说。耶讷提出的免疫网络已被应用于传感器网络的诊断模型。

这种模型将各传感器视为免疫，并在传感器之间相互抑制和控制。因此，它还可以被视为网络传感器融合模型。

下面解释如何使用免疫网络进行诊断。首先，假设几个传感器相互连接构成了网络。假设各传感器具有可以相互独立测试其他传感器的功能。此时设定模型，使传感器在正常情况下，可以正确评估其他传感器，异常情况下则胡乱评估。如果将评估值视为传感器间的系数，即可定义网络状态。如果所有传感器都正常，则网络处于稳定状态。当出现异常传感器时，正常传感器就会将异常传感器评估为异常，而异常传感器会胡乱地对正常传感器进行评估，每次给出不同结果。于是，网络状态每次都不同，变得不稳定。

如果设各传感器的正常评估为 1，异常时为 -1，胡乱评估时为 1 或 -1，则网络整体的值由异常传感器的数量确定。也就是说，网络状态由异常传感器的数量确定，因此可以将其视为免疫网络。

我们再考虑一下 3 个传感器相互连接进行诊断的情况。在 3 个传感器均正常的情况下，因为连接值互相返回 1，所以变为 1×2（相互部分）$\times 3$（传感器数量），则网络的评估值合计为 6。

如果 1 个传感器异常，则 2 个传感器将该传感器判断为 -1，异常传感器则返回 1 或 -1。因此，网络整体的合计值每次都会在 -2 ~ 2 的范围变化。

同样，如果 2 个传感器异常，则网络整体的合计值为 -5 ~ 1。如果 3 个传感器均异常，则网络整体值为 -6 ~ 6。如此，网络状态因传感器的异常数量而不同，因此只要监控网络状态，就可以知道传感器的异常数量。

那么，怎样才能确定是哪些传感器异常呢？如果不能仅从网络状态就搞清楚哪个传感器异常的话，就不能说是诊断。

如何才能仅从网络状态就能知道哪个传感器发生了故障呢？首先，如果全部正常的话，肯定没有问题。

同样，全部异常时也没有问题，因为不需要确定哪个传感器发生故障。由 3 个传感器组成的网络，存在 C_3^1 和 C_3^2 这 6 种情况。

根据网络状态发生故障的传感器排列组合，只要有 6 种情况即可。最简单的方法是对传感器之间的连接值设置系数，并在传感器之间改变系数。例如，传感器 1、2 和 3 的网络是传感器 1 - 2 和 2 - 1、2 - 3 和 3 - 2、1 - 3 和 3 - 1。这意味着从传感器 1 判断传感器 2 的连接是 1 - 2，从传感器 2 判断传感器 1 的连接是 2 - 1。如果将传感器 1 的判断结果系数设为 1、将传感器 2 的系数设为 10、传感器 3 的系数设为 20，则可因异常的传感器不同，获得 6 种网络状态。换句话说，只需在各传感器之间设定系数，就可以仅根据网络状态来确定哪个传感器异常。

接下来，考虑不仅可以了解网络状态，还可以了解各传感器状态[3]的方法。由于各传感器相互评估，因此考虑从连接对象那里获得评估值。也就是说，如果对方判断为正常，则获得 +1，如果判断为异常，则获得 -1 的评估值。在 3 个传感器的示例中，如果全部正常，则所有传感器的状态为 2。

在 1 个传感器是异常的情况下，由于异常的传感器从另外 2 个传感器获得的评估值为 -1，因此传感器状态变为 -2。对于剩余的 2 个正常传感器，由于异常传感器随机输出 1 或 -1，因此它们的值为 1 或 2。在这种情况下，可以确定值为 -2 的传感器是异常的。在 2 个传感器是异常的情况下，1 个正常传感器将另外 2 个异常传感器评估为 -1，2 个异常传感器随机输出 1 和 -1。于是，正常传感器的值为 2、0、-2 中的任意值，异常传感器为 0、-2 中的任意值。换句话说，虽然只观测一次无法知道哪个是异常传感器，但只要多次观测传感器状态，就能够确定异常传感器。

在 3 个传感器都异常的情况下，无论哪个传感器都为 2、0、-2 中的任意值，经过多次观测，3 个传感器都可以判断为异常。如果刚好在第一次观测中没有状态为 2 的传感器，则可以判断 3 个传感器都是异常的。

再尝试将观察各传感器状态的方法予以推广。先考虑各传感器的相互诊断结果，假设传感器 i 对传感器 j 的诊断结果设为 T_{ij}。

T_{ij} 的值，如果正常，则输出 1，如果异常，则输出 – 1，如果自身出现异常，则随机输出 1 或 –1。接下来，将从连接的传感器接收诊断结果的状态定义为置信度 R_i，将时刻 t 的置信度设为 $R_i^{(t)}$。

由于传感器的置信度随时间而变化，因此可设定其变化的动态。首先，由于是关于置信度 R 的动态，为了能够进行微分，使用如下 sigmoid 函数进行定义。

$$R_i(t) = 1/(1 + e_i^{-r_i(t)}) \qquad (4-24)$$

式中，$r_i^{(t)}$ 是 $R_i^{(t)}$ 的辅助变量。

在这里，我们设定以下微分方程式。

$$\mathrm{d}r_i(t)/\mathrm{d}t = \sum T_{ij}R_j(t) + \sum T_{ij}R_j(t) - \sum \beta(T_{ij} + 1) - r_i(t)$$

$$= \sum T_{ij}[R_j(t) - \beta] + \sum T_{ij}[R_j(t) - \beta] - r_i(t) \qquad (4-25)$$

式中，β 是诊断调整量，可以通过该值设定诊断的严格性。

作为该式的初始值，最初先假设所有传感器均为正常，设 $R_i^{(t)} = 0$。另外，T_{ij} 在用于式（4 – 25）的过程中为恒定。

之前的说明中一直认为 T_{ij} 为 1 或 – 1。在用于式（4 – 25）的过程中，取 –1 ~ 1 的连续值。

也就是说，由于在现实中很难单纯地将诊断结果评估为正常或异常，因此需要判断诊断结果的正常或异常程度。在传感器之间进行的不仅是诊断，而且可以用于各种状态评估，例如在多大程度上与自身的结果相匹配等。

此外，由于 $R_i^{(t)}$ 是由 sigmoid 函数定义的，所以该微分方程会收敛。这种 sigmoid 函数的使用方法是运用于神经网络中的方法，并且已知函数是收敛的。

现在来思考一下这种动态运行的情况。由于各传感器状态是由可信度 R 来定义的，因此预想其运行情况如下。

各传感器被可信度较高的传感器给予较高的评估。同时，可以较高评估具有高可信度的传感器时，自身的可信度又会提升。

该传感器网络给出的诊断其实是一种顺理成章的结果。从使用方法看，是将初始值设为所有传感器都正常的状态，反复进行评估直至网络收敛。最终，将可信度降低的传感器判断为异常。

该免疫网络方法的前提是所有传感器都具有并行且等价的关系。因此，为了将该方法用于传感器融合，需要解决传感器数据的选择方法、相互评估方法的描述和诊断结果的处理问题。

下面介绍一种将免疫网络用于理解自动驾驶的行驶环境的例子[4]。使用的传感器是单目摄像头和 LiDAR。

首先，为了形成传感器数据融合，对各自输出的传感器数据进行定义。单目摄像头输出的是前方行驶车辆的识别数据和车道识别数据，LiDAR 输出的是前方行驶车辆的位置数据。

尽管实际只有 2 个传感器，但是，有 3 个传感器数据，因此可以通过虚拟的 3 个传感器进行传感器融合，如图 4.6 所示。将单目摄像头的车辆识别设为传感器 1，将车道识别设为传感器 2，将 LiDAR 的车辆位置设为传感器 3。通过免疫网络对传感器 1、传感器 2、传感器 3 进行网络传感器融合，我们的目标是"理解前方行驶车辆的行驶状态"。

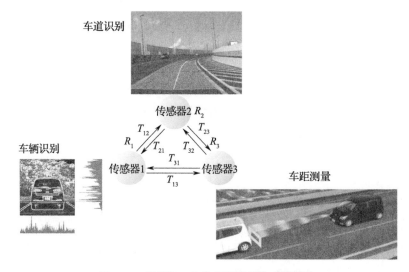

图 4.6　虚拟的 3 个传感器进行传感器融合

传感器 1、传感器 2、传感器 3 相互结合，相互诊断。各传感器的可信度为 R_1、R_2、R_3，相互诊断值为 T_{12}、T_{21}、T_{23}、T_{32}、T_{31}、T_{13}。在相互诊断型的免疫网络中，最大的挑战是相互评估方法。这是因为传感器的相互评估方式决定了可信度和网络状态。

在该例子中，由于目的是理解前方行驶车辆的行驶状态，因此考虑将各传感器数据的特性予以重叠。如图 4.7 所示，传感器 1 将前方车辆用边框包围，传感器 2 将左右 2 条车道用 2 条直线表示。

传感器2
传感器1

摄像头进行的
车道识别

摄像头进行的
车辆识别

0.4　0.6

图 4.7　传感器 1 和传感器 2 的测试关系

　　根据这些特性，把传感器 1 和传感器 2 将传感器 1 输出的边框与传感器 2 输出的 2 条直线重叠的程度作为相互评估值。为了评估两者的重叠情况，假设传感器 1 和传感器 2 都返回相同值，则 $T_{12} = T_{21}$。若边框处于 2 条直线内，则 $T_{12} = T_{21} = 1$，若边框完全处于直线外，则 $T_{12} = T_{21} = 0$。如果只与 1 条车道重叠，则根据重叠程度将诊断值设为 0 ~ 1 之间的实数。边框与车道的重叠根据边框的下边线是否与车道重叠来定义。此评估值如果为 1，则评估为在车道内，如果为 0，则评估为在车道外，这是一种直观易懂的评估方法。

　　接下来，思考传感器 2 和传感器 3 的相互评估方法。传感器 2 和传感器 3 的测试关系如图 4.8 所示。由于传感器 3 的输出由 LiDAR 将前方车辆包围在边框中，因此可以认为其与传感器 1（通过单目摄像头进行的前方车辆识别）的输出相同。因此，将传感器 3 输出的边界框下边线与传感器 2 的车道重叠程度作为评估值。但是，由于传感器 1 和传感器 2 是在相同单目摄像头的图像内重叠，因此容易实施。而传感器 3 输出 LiDAR 的传感器数据，因此需要转换成传感器 2 图像上的边框。单目摄像头和 LiDAR 在完成初始校准时，就可以根据边框的距离值，将边框投影到单目摄像头的图像中。然后，评估投影的边框与车道的重叠程度即可。这样，

传感器2
传感器3

摄像头进行的车道识别

LiDAR进行的车辆识别

0.8　0.2

图 4.8　传感器 2 和传感器 3 的测试关系

根据传感器 2 和传感器 3 的信息，就可以与传感器 1 和传感器 2 一样，将 $T_{23} = T_{32} = 1$ 评估为前方车辆在车道内行驶的状态，而 $T_{23} = T_{32} = 0$ 评估为前方车辆在其他车道行驶的状态。而当前方车辆跨车道时，诊断值取 0～1 间的实数。

最后介绍传感器 3 和传感器 1 的相互评估方法。传感器 3 和传感器 1 的测试关系如图 4.9 所示。由于两者都是前方车辆信息，因此只需单纯地重叠边框即可。由于传感器 3 输出 LiDAR 的传感器数据，传感器 1 输出单目摄像头的前方车辆信息，因此与传感器 2 和传感器 3 的时候一样，假设校准已经完成。传感器 3 的边框与传感器 1 的边框重叠。因此，传感器 3 的边框被投影到传感器 1 的图像上。由于两者的边框大小并不一定相同，因此仅考虑水平方向，以大的一侧边框为基准，评价小的一侧边框在多大程度上重叠。因此，即使小的一侧完全包含大的一侧，也不会有 $T_{31} = T_{13} = 1$。即使将其视为 1，由于还使用其他传感器评估值，因此结果应该不会有太大差异。

图 4.9　传感器 3 和传感器 1 的测试关系

如果使用以上的相互评价方法，则传感器 1、传感器 2、传感器 3 的可信度 R_1、R_2、R_3 具有一定含义。因为各可信度是由相互评价值 T_{ij} 决定的。

对于 R_1，当前方车辆越是在自身车道上行驶，则越是被传感器 2 高度信任，与 LiDAR 的前方车辆识别越是一致，则越是被传感器 3 高度信任，即 R_1 反映前方车辆在自身车辆车道上行驶的被信任程度以及作为前方车辆被信任的程度。

对于 R_2，当前方车辆越是在自身车道上行驶，则越是被传感器 1 和传感器 2 高度信任。因此，R_2 对前方车辆在自身车道上行驶时的评估可信度比 R_1 更高。

对于 R_3，越是和单目摄像头的前方车辆识别相符，越是被传感器 1 高度信任，前方车辆越是在自身车道上行驶，越是被传感器 2 高度信任。因此，R_3 与 R_1 一样，既反映了前方车辆在自己车道上行驶被信任的程度，又反映了作为前方车辆时被信任的程度。

R_1、R_2、R_3 是反映前方车辆的可信度，或是前方车辆在自身车道上行驶的可信度。再考虑一下是否可以同时反映前方车辆的可信度和前方车辆在自身车道上行驶的可信度，用 R_p 表示。

例如，

$$R_p = (R_1 + R_3) \times R_2 \tag{4-26}$$

对 R_p 进行定义。采取这种思路是因为 R_1 和 R_3 是前方车辆和车道上的可信度，因此将其视为逻辑积，以反映 R_2 车道上的可信度。

于是，仅观察新定义的可信度 R_p，就可以知道前方车辆是否在自身车道上行驶。也就是说，R_1、R_2、R_3 只要用于 R_p 的中间值计算即可，仅通过单一指标 R_p 就可以表示所需要的行驶状态。

如果将相互评估值设定为从 $-1 \sim 1$ 取值，则当 T_{12}、T_{23}、T_{31} 都为 0 时，可信度 R_1、R_2、R_3 都为 0.5。同时，R_p 也变为 0.5。

由于 R_p 的最小值为 0，最大值为 2，因此比通常的可信度 $0 \sim 1$ 对环境变化更敏感。因此，仅通过单独的指标就可以既判断行驶状态，还能够更灵敏地做出反应。

像这样，我们应用了免疫网络，同时为了确保系统能判断我们想让它理解的行驶状态，我们对传感器数据之间的测试关系进行了规定。如此，我们给出了自动驾驶的网络传感器融合的例子——观测各传感器数据可信度的方法。在该应用示例中，虽然不用分别观测各传感器数据的可信度，我们也对 R_p 进行了定义，利用单独的状态变化情况予以判断。实际上，如果不受这种方式的限制，而是观测各传感器数据的可信度变化，可以进行更加多样的解释。

参考文献

［1］N. K. Jerne：The immune system, Sci. Amer., No. 229, pp. 52-60（1973）

［2］N. K. Jerne：Towards a network theory of the immune system, Ann. Immunol.（Inst. Pasteur），No. 125 C, pp. 373-389（1974）

［3］石黒章夫，渡辺祐司，内川嘉樹：免疫ネットワークを用いたプラントシスムの故障源検出，日本機械学会ロボティックス・メカトロニクス講演会講演論文集，pp. 793-798（1994）

［4］山田憲一，伊東敏夫,：ネットワーク型センサ融合による走行環境理解の一手法，電子情報通信学会論文誌 D, Vol. J86-D2, No. 2 pp. 220-232（2000）

自动驾驶传感器融合
——技术、原理与应用

第 5 章

卡尔曼滤波器

在传感器融合中，我们介绍了利用诸如免疫网络之类的相互连接型网络实现传感器融合最高水平的网络传感器融合方法。其他重要的传感器融合方法中，还有使用卡尔曼滤波器的方法。

卡尔曼滤波器自其出现已经过了几十年，但至今仍然给人一种难以理解的感觉，因为如果没有现代控制理论和概率统计的知识就无法理解它。因此，在本书中，我们将从理解卡尔曼滤波器所需的基础知识开始进行解说，最终达到可应用于传感器融合的水平。

5.1 预处理

卡尔曼滤波器不直接使用来自传感器的输出，而是转换为计算机可以计算的数字值，并且需要进行去噪预处理。预处理是在专用信号处理电路的硬件水平上进行的，但是近年来，由于能够车载的计算机的性能得到提高，因此预处理也能够在软件水平上进行。

为了用软件进行预处理，必须了解预处理理论，否则将无法对其进行编程。在此介绍一下预处理的基础理论。

5.1.1 数字化

所有可编程的值都是数值，并且当传感器输出模拟信号时，首先必须将该信号转换为数字信号。数字化是通过模拟信号的采样和量化来完成的。

采样是指以一定的时间间隔来测量连续的模拟信号并进行离散处理。然后，量化是指将连续的模拟信号值以某个单位的整数倍进行数值化。

在摄像头图像中，通过采样确定空间分辨率，并且通过量化确定像素浓度。例如，空间分辨率的宽×高为 640×440 的像素，像素浓度用 1B（8bit）的 256 级灰度来表示。

将模拟信号转换为数字信号是通过采样器进行的，采样器将以采样周期 $T(T=1/fs)$ 生成的由单位脉冲函数 $\delta(t)$［见式（5-1）］得到的脉冲序列相乘。输入的模拟连续信号将由采样器输出数字离散信号。

$$\delta(t) = \begin{cases} 0, & (t \neq 0) \\ \infty, & (t = 0) \end{cases} \qquad (5-1)$$

如果用单位脉冲函数表示脉冲序列 $s(t)$ 的话，则为下式：

$$s(t) = \sum \delta(t - nT) \qquad (5-2)$$

这被称为梳形函数。此函数的傅立叶变换 $S(\omega)$ 也变为脉冲序列，

$$S(\omega) = (1/T) \sum \delta(u - nT) \qquad (5-3)$$

若将连续时间信号的输入设为 $x(t)$，将离散信号序列设为 $p(t)$，则 $p(t)$ 为

$x(t)$和$s(t)$的积，即

$$p(t) = s(t)x(t) \qquad (5-4)$$

因此$p(t)$可用式（5-5）进行描述。

$$p(t) = x(t) \sum \delta(t - nT)$$
$$= \sum x(nT)\delta(t - nT) \qquad (5-5)$$

连续信号的数字化时域如图5.1a所示。与此对应的频域如图5.1b所示。

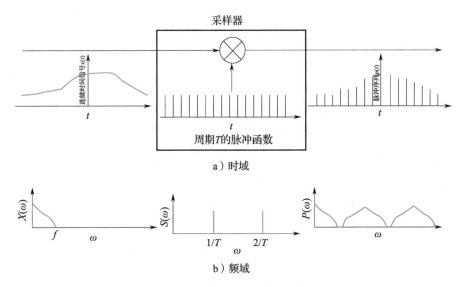

图 5.1　连续信号的数字化

采样率决定采样周期，将采样率的采样频率$fs(fs = 1/T)$的1/2称为奈奎斯特频率。为了完全恢复原信号，则必须以原信号的最大频率f的2倍以上的频率进行采样。这就是采样定理。因此，频率低于奈奎斯特频率的原始信号将完全复原。

若将原信号$x(t)$的离散傅立叶变换设为$X(\omega)$，则经过采样后的函数$p(t)$的离散傅立叶变换$P(\omega)$为$X(\omega)$与$S(\omega)$的卷积积分（＊），所以有

$$P(\omega) = X(\omega) * S(\omega)$$
$$= X(\omega) * (1/T) \sum \delta(\omega - n/T)$$
$$= (1/T) \sum \left[X(\omega) * \delta(\omega - n/T) \right]$$
$$= (1/T) \sum X(\omega - n/T) \qquad (5-6)$$

结果，$P(\omega)$成为以周期$1/T$重复$X(\omega)$的波形。为了完全恢复原始信号，该离散傅立叶变换的重复波形不可重叠。假设$X(\omega)$的带宽为$\omega/(2\pi)$，则

$$\omega/(2\pi) \leqslant 1/T \tag{5-7}$$

因此有

$$f \leqslant 1/(2T) = fs/2 \tag{5-8}$$

这与采样定理一致。

在频域中，原点附近除光谱以外的成分称为假频。当周期T变大，并且小于原始信号的最大频率的两倍时，混叠成分重叠。结果，获得了与$X(\omega)$不同的光谱，发生混叠现象，并且不能正确地复原原始信号。

5.1.2 去噪

传感器数据包括由各种因素引起的噪声。如果知道产生噪声的原因，并且可以假设生成原始传感器数据的模型，则将传感器数据应用于模型，就可以将传感器数据和噪声数据与目标物体分离。但是，通常情况下由于存在多个噪声因素以及导致无法建模的因素，因此采用如下去噪方法。

噪声包括加法噪声和乘法噪声。比如，将热噪声添加到电路中的就是加法噪声。而乘法噪声相当于使用激光的全息图中出现的粒状散斑噪声。

为了表示加法噪声，将t时刻的观测值设为$y(t)$，将真值设为$x(t)$，噪声值设为$n(t)$，则有

$$y(t) = x(t) + n(t) \tag{5-9}$$

而乘法噪声则为

$$y(t) = x(t)n(t) \tag{5-10}$$

由于对乘法噪声两边取对数会变为加法噪声的形式，因此可以仅考虑加法噪声的表示方法。

常用的去噪方法中的平均加法滤波器是可以用以下形式表示的线性滤波器。

$$y(t) = \left(1/\sum w(i)\right)\sum w(i)y(t+i) \tag{5-11}$$

式中，$w(i)$是滤波器系数值，亦称为权重。

在式（5-11）中，如果$w(i) = 1$，则为平均加法。如果将权重取为以$y(t)$为中心的高斯分布，则成为高斯滤波器。

该线性滤波器如果将时间轴 t 替换为位置，如果从二维考虑，可以看作是图像处理中的局部空间滤波器。如图 5.2 所示，假设在图像中关注的像素设为 $I(i,j)$，并且将与各像素对应的算子设为 $h(i,j)$，则可以通过式（5-12）来表示通过滤波器转换的像素值 $g(i,j)$。

$I(i-1,j-1)$	$I(i,j-1)$	$I(i+1,j-1)$
$I(i-1,j)$	$I(i,j)$	$I(i+1,j)$
$I(i-1,j+1)$	$I(i,j+1)$	$I(i+1,j+1)$

a) 图像的浓度值

$h(-1,-1)$	$h(0,-1)$	$h(+1,-1)$
$h(-1,0)$	$h(0,0)$	$h(+1,0)$
$h(-1,+1)$	$h(0,+1)$	$h(+1,+1)$

b) 算子

图 5.2　局部空间滤波器

$$g(i,j) = \sum_{k=-1}^{1} \sum_{l=-1}^{1} h(k,l) I(i-k, j-l) \tag{5-12}$$

在此，将算子设为系数 1，乘以 1/9 进行平均后，被平滑化的滤波器 $h(k,l)$ 见式（5-13）。该滤波器亦称为季节平均或移动平均。

$$h(k,l) = \frac{1}{9} \begin{bmatrix} 1 & 1 & 1 \\ 1 & 1 & 1 \\ 1 & 1 & 1 \end{bmatrix} \tag{5-13}$$

在图像处理的去噪中使用的中值滤波器是非线性处理，其中，在目标算子范围（这里是 3×3）内以升序排列值，并且将中值置换为目标像素值。如果使用中值滤波器，则可去除平均加法滤波器无法去除的噪声。图 5.3 所示是平均加法滤波器和中值滤波器的处理结果比较。

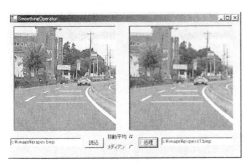

a) 平均加法滤波器的处理结果

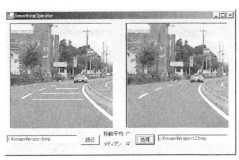

b) 中值滤波器的处理结果

图 5.3　平均加法滤波器和中值滤波器的处理结果比较

在图 5.3 中，附加在输入图像上的 3 个伤痕在平均加法滤波器中被削弱，而在中值滤波器中则完全被去除。

用线性滤波器强调图像中亮度变化较大的像素是微分操作，对该微分操作做如下考虑。图像中的二维亮度变化的一阶微分梯度 $\nabla f(x,y)$ 在连续区域中的表示见式（5-14）。

$$\nabla f(x,y) = \frac{\partial f(x,y)}{\partial x}u_x + \frac{\partial f(x,y)}{\partial y}u_y = f_x(x,y)u_x + f_y(x,y)u_y \qquad (5-14)$$

从数字形式看，则有

$$\begin{aligned} f_x(i,j) &= f(i+1,j) - f(i-1,j) \\ &= -1 \times f(i-1,j) + 0 \times f(i,j) + 1 \times f(i+1,j) \end{aligned} \qquad (5-15)$$

$$\begin{aligned} f_y(i,j) &= f(i,j+1) - f(i,j-1) \\ &= -1 \times f(i,j-1) + 0 \times f(i,j) + 1 \times f(i,j+1) \end{aligned} \qquad (5-16)$$

x 方向、y 方向的线性滤波系数 f_x、f_y 则如下所示。

$$f_x: -1 \quad 0 \quad 1, \qquad f_y: \begin{matrix} -1 \\ 0 \\ 1 \end{matrix} \qquad (5-17)$$

基于此，考虑局部区域的统合，微分滤波器一般使用下式。

$$f_x(k,l) = \begin{bmatrix} -1 & 0 & 1 \\ -1 & 0 & 1 \\ -1 & 0 & 1 \end{bmatrix}, \ f_y(k,l) = \begin{bmatrix} -1 & -1 & -1 \\ 0 & 0 & 0 \\ 1 & 1 & 1 \end{bmatrix} \qquad (5-18)$$

$$f_x(k,l) = \begin{bmatrix} -1 & 0 & 1 \\ -2 & 0 & 2 \\ -1 & 0 & 1 \end{bmatrix}, \ f_y(k,l) = \begin{bmatrix} -1 & -2 & -1 \\ 0 & 0 & 0 \\ 1 & 2 & 1 \end{bmatrix} \qquad (5-19)$$

以该公式的发明人为名，式（5-18）称为 Prewitt 滤波器，式（5-19）称为 Sobel 滤波器。图 5.4 所示是微分滤波器的处理示例。

局部空间滤波器还可以实现二阶微分拉普拉斯。拉普拉斯在连续区域中如下式所示。

$$\nabla^2 f(x,y) = \frac{\partial^2 f(x,y)}{\partial x^2} + \frac{\partial^2 f(x,y)}{\partial y^2} = f_{xx}(x,y) + f_{yy}(x,y) \qquad (5-20)$$

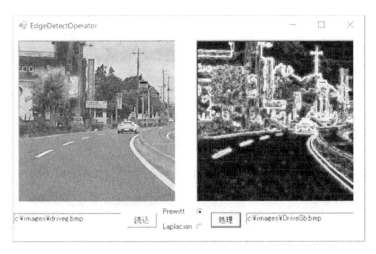

图 5.4 微分滤波器的处理示例

由于在数字形式中，二阶微分是差分的差分，则有

$$
\begin{aligned}
f_{xx}(i,j) &= \big[f(i+1,j)-f(i,j)\big]-\big[f(i,j)-f(i-1,j)\big] \\
&= f(i+1,j)-2f(i,j)+f(i-1,j) \\
f_{yy}(i,j) &= \big[f(i,j+1)-f(i,j)\big]-\big[f(i,j)-f(i,j-1)\big] \\
&= f(i,j+1)-2f(i,j)+f(i,j-1)
\end{aligned}
\tag{5-21}
$$

因此，系数为

$$
f_{xx}:1 \quad -2 \quad 1, \qquad f_{yy}:\begin{matrix}1\\-2\\1\end{matrix}
\tag{5-22}
$$

按式（5 – 23）进行线性组合后变为二阶微分算子。

$$
h(k,l) = \begin{bmatrix} 0 & 1 & 0 \\ 1 & -4 & 1 \\ 0 & 1 & 0 \end{bmatrix}
\tag{5-23}
$$

另外，考虑到倾斜方向，二阶微分算子变为以下形式。

$$
h(k,l) = \begin{bmatrix} 1 & 1 & 1 \\ 1 & -8 & 1 \\ 1 & 1 & 1 \end{bmatrix}
\tag{5-24}
$$

图 5.5 所示是二阶微分滤波器的处理示例。

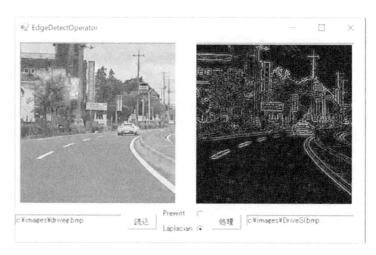

图 5.5　二阶微分滤波器的处理示例

二阶微分滤波器可用于图像锐化。如果镜头的焦点模糊等导致画质劣化，则边缘变得迟钝，拉普拉斯的锐化示意图如图 5.6 所示。因此，为了强调边缘部分，最好减去拉普拉斯。即

$$g(i,j) = f(i,j) - \nabla^2 f(i,j) \qquad\qquad (5-25)$$
$$= 5f(i,j) - (f(i-1,j) + f(i+1,j) + f(i,j+1) + f(i,j-1))$$

由此，可以按式（5-26）设定锐化算子。

$$h(k,l) = \begin{bmatrix} 0 & -1 & 0 \\ -1 & 5 & -1 \\ 0 & -1 & 0 \end{bmatrix} \qquad\qquad (5-26)$$

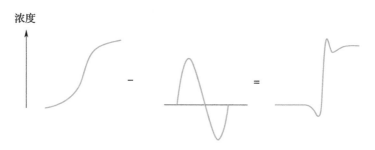

图 5.6　拉普拉斯的锐化示意图

图 5.7 所示是锐化算子应用示例。

在能够确定噪声频域的情况下，通过傅立叶变换将其变换为频域数据，截断

噪声的频率，将噪声复原为原始信号。在图像处理中，也能够通过二维傅立叶变换向频域进行变换。

图 5.7　锐化算子应用示例

包含傅立叶变换的正交变换具有以下重要性质。

1）能量分布集中在低频分量上。

2）边缘信息反映在高频分量上。

3）在转换前后，信号功率的和不变。

为了将空间区域的图像信号傅立叶变换为空间频域，在连续区域中进行如下变换。

$$F(\mu,v) = \int_{-\infty}^{\infty} \int_{-\infty}^{\infty} f(x,y) \exp\left[-j\,2\pi(\mu x + vy)\right] \mathrm{d}x\mathrm{d}y \tag{5-27}$$

逆变换为

$$f(x,y) = \int_{-\infty}^{\infty} \int_{-\infty}^{\infty} F(\mu,v) \exp\left[j2\pi(\mu x + vy)\right] \mathrm{d}\mu\mathrm{d}v \tag{5-28}$$

在数字图像中为离散傅立叶变换 DFT，正变换和逆变换分别为

$$F(k,l) = \frac{1}{\sqrt{MN}} \sum_{m=0}^{M-1} \sum_{n=0}^{N-1} f(m,n) W_M^{mk} W_N^{nl} \tag{5-29}$$

$$f(m,n) = \frac{1}{\sqrt{MN}} \sum_{m=0}^{M-1} \sum_{n=0}^{N-1} F(k,l) W_M^{-mk} W_N^{-nl} \tag{5-30}$$

式中，$W_M = \exp(-j2\pi/M)$；$W_N = \exp(-j2\pi/N)$。

在图 5.8 中，左图的功率谱如右图所示。由于在功率谱中纵横线比较明显，

因此可知在原图像中纵向边缘和横向边缘分量较多。此外，功率谱中出现的斜线反映的是原图像道路白线斜向显示的部分。

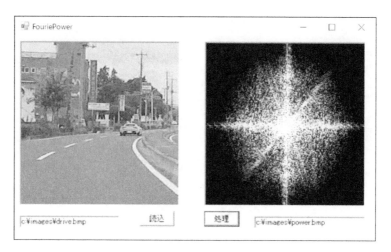

图5.8　功率谱

在截断高频分量的状态（图5.9a）下进行逆变换，则变为使用了低通滤波器的状态，在截断低频分量的状态（图5.9b）下进行逆变换，则变为使用了高通滤波器的状态。

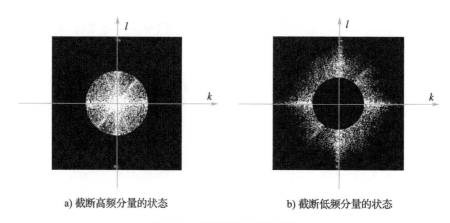

a) 截断高频分量的状态　　　　　　b) 截断低频分量的状态

图5.9　特定频率分量的截断

图5.10所示是频域截断图像示例。如果截断高频域（低通滤波器），则图像变模糊，如果截断低频域（高通滤波器），则图像的轮廓部分被增强。另外，在低通滤波器中，上下左右的梳状噪声之所以很明显，是因为截断频率时，在二维上进行了矩形而不是圆形的截断后进行了计算，如图5.11所示。

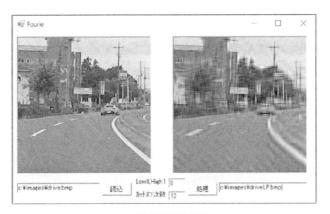

a) 高频域截断图像

b) 低频域截断图像

图 5.10 频域截断图像示例

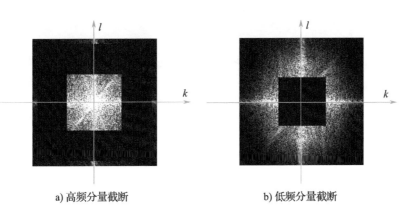

a) 高频分量截断   b) 低频分量截断

图 5.11 进行截断频率时的频率成分截断情况

5.1.3 维纳滤波器

如图 5.12 所示，考虑在经典控制的框架下，即对频域中未知的原信号 $X(\omega)$ 施加滤波器 $H(\omega)$，再对劣化信号 $Y(\omega)$ 施加噪声 $N(\omega)$ 后进行观测。于是，这些信号的关系可以由下式表示。

$$Y(\omega) = H(\omega)X(\omega) + N(\omega) \tag{5-31}$$

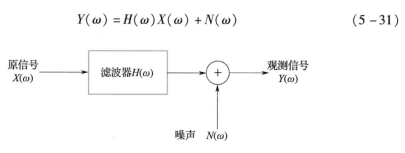

图 5.12　观测信号的生成模型

这里，假设原信号 $X(\omega)$、噪声 $N(\omega)$ 和滤波器 $H(\omega)$ 的特性是已知的。于是，对于能否从混入了噪声的观测信号 $Y(\omega)$ 复原到原信号 $X(\omega)$ 这一问题，可以基于这种框架来思考：如图 5.13 所示，通过维纳滤波器 $W(\omega)$ 使式（5-32）的估计平方误差最小。其中，E 表示期望值。

$$\varepsilon = \mathrm{E}\big[\,|\,X(\omega) - W(\omega)Y(\omega)|^{\,2}\,\big] \to \min \tag{5-32}$$

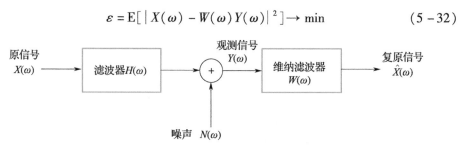

图 5.13　通过维纳滤波器进行的信号复原

将误差 ε 展开为

$$\begin{aligned}
\varepsilon &= \mathrm{E}\big[\,|\,X(\omega) - W(\omega)Y(\omega)|^{\,2}\,\big] \\
&= \mathrm{E}\big[\,|\,X(\omega) - W(\omega)(H(\omega)X(\omega) + N(\omega))|^{\,2}\,\big] \\
&= \mathrm{E}\big[\,|\,(1 - W(\omega)(H(\omega)X(\omega) - W(\omega)N(\omega)|^{\,2}\,\big] \\
&= \mathrm{E}\big[\{(1 - W(\omega)(H(\omega))X(\omega) - W(\omega)N(\omega)\} \\
&\qquad \{(1 - W(\omega)H(\omega))X(\omega) - W(\omega)N(\omega)\}^{*}\big] \\
&= \mathrm{E}\big[\{(1 - W(\omega)(H(\omega))X(\omega) - W(\omega)N(\omega)\} \\
&\qquad \{(1 - W(\omega)H(\omega))^{*}X(\omega)^{*} - W(\omega)^{*}N(\omega)\}^{*}\big]
\end{aligned} \tag{5-33}$$

式中，＊是取共轭复数。$W(\omega)$ 和 $H(\omega)$ 是确定值，如果超出期望值 E，则变为

$$\varepsilon = (1 - W(\omega)H(\omega))(1 - W(\omega)H(\omega))^* E[X(\omega)X(\omega)^*] - W(\omega)(1 - W(\omega)H(\omega))^* E[N(\omega)X(\omega)^*] \tag{5-34}$$

现将原信号和噪声的功率谱按下式进行简化。

$$Ps = E[|X(\omega)|^2] = E[X(\omega)X(\omega)^*] \tag{5-35}$$
$$Pn = E[|N(\omega)|^2] = E[N(\omega)N(\omega)^*] \tag{5-36}$$

如果原信号与噪声不相关，则变为

$$E[N(\omega)X(\omega)^*] = E[N(\omega)X(\omega)^*] = 0 \tag{5-37}$$

因此，式（5-34）可以简化如下，变为维纳滤波器的 2 次表达式。

$$\begin{aligned}
\varepsilon &= (1 - W(\omega)H(\omega))(1 - W(\omega)H(\omega))^* E[X(\omega)X(\omega)^*] - \\
&\quad W(\omega)(1 - W(\omega)H(\omega))^* E[N(\omega)X(\omega)^*] \\
&= (1 - W(\omega)H(\omega))(1 - W(\omega)H(\omega))^* Ps + W(\omega)W(\omega)^* Pn \\
&= (1 - W(\omega)H(\omega))(1 - W(\omega)^*H(\omega)^*) Ps + W(\omega)W(\omega)^* Pn \\
&= (1 - W(\omega)^*H(\omega)^* - W(\omega)H(\omega) + \\
&\quad W(\omega)W(\omega)^*H(\omega)H(\omega)^*) Ps + W(\omega)W(\omega)^* Pn \\
&= Ps - W(\omega)^*H(\omega)^* Ps - \\
&\quad W(\omega)H(\omega)Ps + |W(\omega)|^2 H(\omega)|^2 Ps + |W(\omega)|^2 Pn \\
&= (|H(\omega)|^2 Ps + Pn)|W(\omega)|^2 - Ps(W(\omega)H(\omega) + W(\omega)^*H(\omega)^*) + Ps
\end{aligned} \tag{5-38}$$

在此，给该式配完全平方，则误差可以用下式表示。

$$\begin{aligned}
\varepsilon &= (|H(\omega)|^2 Ps + Pn)\left|W(\omega) - \frac{H(\omega)Ps}{|H(\omega)|^2 Ps + Pn}\right|^2 + Ps - \frac{H(\omega)^2 Ps^2}{|H(\omega)|^2 Ps + Pn} \\
&= (|H(\omega)|^2 Ps + Pn)\left|W(\omega) - \frac{H(\omega)Ps}{|H(\omega)|^2 Ps + Pn}\right|^2 + \frac{Pn}{|H(\omega)|^2 + \dfrac{Pn}{Ps}}
\end{aligned} \tag{5-39}$$

这里，$|W(\omega)|^2$ 为非负，由于 Ps、Pn 也是功率谱，因此为非负，所以满足以下关系：

$$|H(\omega)|^2 Ps + Pn \geqslant 0 \tag{5-40}$$

鉴于此，当平方项为 0，即当维纳滤波器取以下值时，误差的期望值 ε 变得最小。

$$W(\omega) = \frac{H(\omega)\mathrm{Ps}}{|H(\omega)|^2\mathrm{Ps} + \mathrm{Pn}} \qquad (5-41)$$

此时，误差为下式中的最小值，维纳滤波器的最小值如图 5.14 所示。

$$\varepsilon_{\min} = \frac{\mathrm{Pn}}{|H(\omega)|^2 + \dfrac{\mathrm{Pn}}{\mathrm{Ps}}} \qquad (5-42)$$

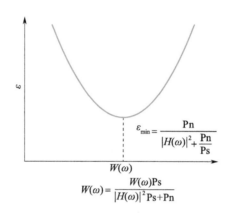

图 5.14　维纳滤波器的最小值

在图像处理中，这经常被用于模糊图像的复原。将图像处理的数据生成过程，也就是图 5.12 中的将滤波器视为表示透镜系统模糊程度的点扩展函数（PSF）。图 5.15 所示是 PSF 的频率特性。如果已知 PSF 的傅立叶变换，就能够设计维纳滤波器，并且可以将由透镜系统引起的模糊图像进行复原。图 5.16 所示是维纳滤波器应用示例。

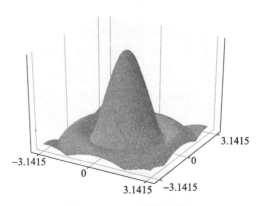

图 5.15　PSF 的频率特性

图 5.16　维纳滤波器应用示例

维纳滤波器的前提是系统在线性时不变。也就是说，我们假设原信号和观测信号是稳定的。而时间序列数据的稳定性是指概率分布不随时间变化的随机过程。因此，维纳滤波器可以说是以平均或方差不随时间变化的线性系统为前提，得到原信号的最小均方误差估计量的时不变滤波器。

不是所有的系统都是时不变的。其实，更多都不属于时不变。这样一来，使用维纳滤波器将受到相当大的限制。因此，人们会考虑使用不对原信号和观测信号的稳定性做出假设的滤波器。这就是卡尔曼滤波器。卡尔曼滤波器是一种时变滤波器，用于获得原始信号的最小均方误差估计量。

5.2 状态空间表示

由于卡尔曼滤波器是在现代控制的框架下考虑的，因此使用状态公式。用图 5.17 所示的质量 – 弹簧 – 阻尼器系统说明状态公式。

$$m\frac{\mathrm{d}^2 y(t)}{\mathrm{d}t^2} + c\frac{\mathrm{d}y(t)}{\mathrm{d}t} + ky(t) = u(t) \tag{5-43}$$

式中，m 是滑轮组的质量；c 是阻尼器的阻尼系数；k 是弹簧常数；$u(t)$ 是作用于滑轮的输入；$y(t)$ 是滑轮的位置（输出）。

当选择位置和速度两个物理量作为状态变量时，则有

$$x_1(t) = y(t) \tag{5-44}$$

$$x_2(t) = \frac{\mathrm{d}y(t)}{\mathrm{d}t} \tag{5-45}$$

$x_1(t)$ 和 $x_2(t)$ 为以下关系。

$$\frac{\mathrm{d}x_1(t)}{\mathrm{d}t} = x_2(t) \tag{5-46}$$

然后，将式（5-43）中的 $y(t)$ 替换为 $x_1(t)$ 和 $x_2(t)$，得到下式。

$$\frac{\mathrm{d}x_2(t)}{\mathrm{d}t} = \frac{1}{m}\{-cx_2(t) - kx_1(t) + u(t)\} \tag{5-47}$$

联立式（5-46）和式（5-47），使用矩阵和向量后得到下式。

$$\frac{\mathrm{d}}{\mathrm{d}t}\begin{bmatrix} x_1(t) \\ x_2(t) \end{bmatrix} = \begin{bmatrix} 0 & 1 \\ -\dfrac{k}{m} & -\dfrac{c}{m} \end{bmatrix}\begin{bmatrix} x_1(t) \\ x_2(t) \end{bmatrix} + \begin{bmatrix} 0 \\ \dfrac{1}{m} \end{bmatrix}u(t) \tag{5-48}$$

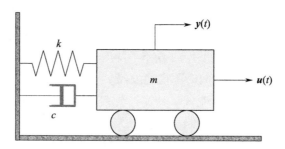

图 5.17　质量 - 弹簧 - 阻尼器系统

使用状态变量，设状态向量为下式。

$$x(t) = \begin{bmatrix} x_1(t) \\ x_2(t) \end{bmatrix} \tag{5-49}$$

同时，将式（5-48）的矩阵设为 A，向量设为 b，即

$$A = \begin{bmatrix} 0 & 1 \\ -\dfrac{k}{m} & -\dfrac{c}{m} \end{bmatrix}, \ b = \begin{bmatrix} 0 \\ \dfrac{1}{m} \end{bmatrix} \tag{5-50}$$

于是，式（5-48）可以用以下状态方程表示。

$$\frac{\mathrm{d}}{\mathrm{d}t}x(t) = Ax(t) + bu(t) \tag{5-51}$$

如果 $c = [1 \ 0]$，则输出 $y(t)$ 可使用状态向量通过下式进行表示。

$$y(t) = \boldsymbol{c}^{\mathrm{T}}\boldsymbol{x}(t) \tag{5-52}$$

该式称为观测方程，将式（5-51）、式（5-52）称为系统的状态空间表示。如果将 x 的时间微分 $\mathrm{d}x/\mathrm{d}t$ 用 $\dot{x}$ 来表示，则连续时间下的动态系统的状态空间通常用下式表示。

$$\dot{\boldsymbol{x}}(t) = \boldsymbol{A}\boldsymbol{x}(t) + \boldsymbol{b}\boldsymbol{u}(t) \tag{5-53}$$

$$y(t) = \boldsymbol{c}^{\mathrm{T}}\boldsymbol{x}(t) \tag{5-54}$$

这里为了使其具有普遍性，令 $\boldsymbol{A} = [\,a_{ij}\,]$，$\boldsymbol{b} = [\,b_i\,]^{\mathrm{T}}$，$\boldsymbol{c} = [\,c_i\,]$，$\boldsymbol{x}(t) = [\,x_i(t)\,]^{\mathrm{T}}$，$\boldsymbol{u}(t) = [\,u_i(t)\,]^{\mathrm{T}}$，$\boldsymbol{y}(t) = [\,y_i(t)\,]^{\mathrm{T}}$，$i = 1,\,2,\,\cdots,\,n,\,j = 1,\,2,\,\cdots,\,n$。

由于式（5-53）、式（5-54）是连续时间下的表示方法，因此若变更为实际应用中的离散时间，则可以用下式表示。

$$\boldsymbol{x}(k+1) = \boldsymbol{A}\boldsymbol{x}(k) + \boldsymbol{b}\boldsymbol{u}(k) \tag{5-55}$$

$$y(k) = \boldsymbol{c}^{\mathrm{T}}\boldsymbol{x}(k) \tag{5-56}$$

传感器数据为时间序列数据，通常由于加上了系统噪声 $v(k)$ 和观测噪声 $w(k)$，因此线性离散时间状态空间模型用下式表示。表示时间序列数据的状态空间的框图如图 5.18 所示。

$$\boldsymbol{x}(k+1) = \boldsymbol{A}\boldsymbol{x}(k) + \boldsymbol{b}v(k) \tag{5-57}$$

$$y(k) = \boldsymbol{c}^{\mathrm{T}}\boldsymbol{x}(k) + w(k) \tag{5-58}$$

式中，$v(k)$ 是平均值 0、方差 σ_v^2 的正态白噪声；$w(k)$ 是平均值 0、方差 σ_w^2 的正态白噪声，$v(k)$ 和 $w(k)$ 相互独立。另外，系数矩阵及向量 $\boldsymbol{A}$、$\boldsymbol{b}$、$\boldsymbol{c}$ 是已知的，假设是与时间无关的恒定的线性时不变。

在以上条件下，求从时间序列数据 $y(i)$（$i = 1,\,2,\,\cdots,\,k$）中获得状态变量向量 $\boldsymbol{x}(k)$ 的最小均方误差估计值，被称为卡尔曼滤波问题。

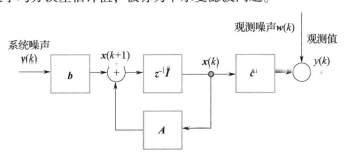

图 5.18　表示时间序列数据的状态空间的框图

5.3 最小二乘估计法

与维纳滤波器一样，卡尔曼滤波器也基于最小二乘估计法，因此，让我们从正交性的视角来考察最小二乘估计法。

由于车辆在使用基于雷达的 ACC 匀速行驶时，车辆之间的距离因道路坡度等会时刻发生变化，因此将其随机变量设为 x。随机变量 x 的平均值和方差如下。

$$\mathrm{E}[x] = \bar{x}, \ \mathrm{E}[(x - \bar{x})^2] = \sigma_x^2 \tag{5-59}$$

假设车辆之间的距离 x 是在下式的观测公式中观测到的，即在基于雷达测量的变换系数 h 上加上观测噪声 w，作为 y。

$$y = hx + w \tag{5-60}$$

假设 w 的平均值和方差如下。

$$\mathrm{E}[w] = \bar{w}, \ \mathrm{E}[(w - \bar{w})^2] = \sigma_w^2 \tag{5-61}$$

这里，w 与 x 不相关，变换系数 h 为已知。为了从观测值 y 求得车辆间距离 x 的估计值 $\hat{x}$，见式（5-62），将 $\hat{x}$ 视为观测值 y 的一次函数。

$$\hat{x} = ay + \beta \tag{5-62}$$

当用下式定义估计误差 e 时，只要求出下式的均方误差为最小时的 $\alpha * \beta$ 即可。

$$e = x - \hat{x} \tag{5-63}$$

首先，假设估计误差的平均值为 0，则得到以下条件。

$$\mathrm{E}[e] = \mathrm{E}[x - \hat{x}] = \mathrm{E}[x - \alpha y - \beta] = \mathrm{E}[x - \alpha(hx + w) - \beta] \tag{5-64}$$
$$= (1 - \alpha h)\bar{x} - \alpha\bar{w} - \beta = 0$$

由此，得到 α 和 β 的关系如下。

$$\hat{\beta} = (1 - \alpha h)\bar{x} - \alpha\bar{w} = \bar{x} - \alpha(h\bar{x} + \bar{w}) \tag{5-65}$$

然后，为了使估计误差方差最小，按式（5-66）计算估计值的均方误差。

$$\mathrm{E}[\{e - \mathrm{E}[e]\}^2] = \mathrm{E}[(x - \alpha y - \beta) - \{(1 - \alpha h)\bar{x} - \alpha\bar{w} - \beta\}^2]$$
$$= \mathrm{E}[\{x - \alpha(hx + w) - (1 - \alpha h)\bar{x} - \alpha\bar{w}\}^2]$$
$$= \mathrm{E}[\{(1 - \alpha h)(x - \bar{x}) - \alpha(w - \bar{w})\}^2]$$

$$= (1 - \alpha h)^2 \mathrm{E}[x - \bar{x}]^2 -$$

$$2(1 - \alpha h)\alpha \mathrm{E}[(x - \bar{x})(w - \bar{w})] + \alpha^2 \mathrm{E}[(w - \bar{w})^2]$$

$$= (1 - \alpha h)^2 \sigma_x^2 + \alpha^2 \sigma_w^2 \quad (\because \mathrm{E}[(x - \bar{x})(w - \bar{w})] = 0)$$

$$= (h^2 \sigma_x^2 + \sigma_w^2)\alpha^2 - 2h\sigma_x^2 \alpha + \sigma_x^2 \quad (变形为 2 次式) \quad (5 - 66)$$

$$= (h^2 \sigma_x^2 + \sigma_w^2) \left(\alpha - \frac{h\sigma_x^2}{h^2 \sigma_x^2 + \sigma_w^2} \right)^2 +$$

$$\sigma_x^2 - \frac{h\sigma_x^4}{h^2 \sigma_x^2 + \sigma_w^2} \quad (变形为完全平方)$$

$$= (h^2 \sigma_x^2 + \sigma_w^2) \left(\alpha - \frac{h\sigma_w^{-2}}{\sigma_x^{-2} + h^2 \sigma_w^{-2}} \right)^2 - \frac{1}{\sigma_x^{-2} + h^2 \sigma_w^{-2}}$$

在这里，设

$$\sigma^2 = \frac{1}{\sigma_x^{-2} + h^2 \sigma_w^{-2}} \tag{5-67}$$

则估计值的均方误差可以写成如下形式。

$$\mathrm{E}[\{e - \mathrm{E}[e]\}^2] = (h^2 \sigma_x^2 + \sigma_w^2)(\alpha - h\sigma_w^{-2}\sigma^2)^2 - \sigma^2 \tag{5-68}$$

可知式 (5-68) 在 $\alpha = h\sigma_w^{-2}\sigma^2$ 时取得如下式的最小值。

$$\mathrm{E}[\{e - \mathrm{E}[e]\}^2] = \sigma^2 \tag{5-69}$$

此时，$\hat{x}$ 被称为最小方差估计值。该最小二乘估计值 $\hat{x}$ 为

$$\hat{x} = \hat{x} + \frac{h^2 \sigma^2}{\sigma_w^2}\{y - (h\bar{x} + \bar{w})\} \tag{5-70}$$

这里，按式 (5-71) 考虑最小二乘估计值 $\hat{x}$ 与估计误差 e 之间的相关性。

$$\mathrm{E}[\hat{x}e] = \mathrm{E}\left[\left\{\bar{x} + \frac{h^2 \sigma^2}{\sigma_w^2}\{y - (h\bar{x} + \bar{w})\}\right\}e\right]$$

$$= \left\{\bar{x} + \frac{h^2 \sigma^2}{\sigma_w^2}(h\bar{x} + \bar{w})\right\}\mathrm{E}[e] + \frac{h^2 \sigma^2}{\sigma_w^2}\mathrm{E}[ye]$$

$$= \frac{h^2 \sigma^2}{\sigma_w^2}\mathrm{E}[y(x - \bar{x})] \quad (\because \mathrm{E}[e] = 0)$$

$$= \frac{h^2 \sigma^2}{\sigma_w^2}\mathrm{E}\left[(hx + w)\left\{x - \left(\bar{x} + \frac{h^2 \sigma^2}{\sigma_w^2}\{y - (h\bar{x} + \bar{w})\}\right)\right\}\right]$$

$$= \frac{h^2 \sigma^2}{\sigma_w^2}\mathrm{E}\left[(hx + w)\left\{\left(1 - \frac{h^2 \sigma^2}{\sigma_w^2}\right)(x - \bar{x}) - \frac{h^2 \sigma^2}{\sigma_w^2}(w - \bar{w})\right\}\right]$$

$$= \frac{h^2 \sigma^2}{\sigma_w^2} \left\{ h \left(1 - \frac{h^2 \sigma^2}{\sigma_w^2} \right) \mathrm{E}[x(x - \bar{x})] - \frac{h^2 \sigma^2}{\sigma_w^2} \mathrm{E}[w(w - \bar{w})] \right\}$$

$$\because \mathrm{E}[x(x - \bar{x})] = \mathrm{E}[(x - \bar{x})(x - \bar{x}) + \bar{x}(x - \bar{x})] = \sigma_x^2$$

$$\mathrm{E}[w(w - \bar{w})] = \mathrm{E}[(w - \bar{w})(w - \bar{w}) + \bar{w}(w - \bar{w})] = \sigma_w^2$$

$$= \frac{h^2 \sigma^2}{\sigma_w^2} \left\{ h \left(1 - \frac{h^2 \sigma^2}{\sigma_w^2} \right) \sigma_x^2 - \frac{h^2 \sigma^2}{\sigma_w^2} \sigma_w^2 \right\}$$

$$= \frac{h^2 \sigma^2}{\sigma_w^2} \left\{ h \left[1 - \sigma^2 \left(\frac{h^2}{\sigma_w^2} + \frac{1}{\sigma_x^2} \right) + \frac{\sigma^2}{\sigma_x^2} \right] \sigma_x^2 - h \sigma^2 \right\} \qquad (5-71)$$

$$= \frac{h^2 \sigma^2}{\sigma_w^2} \left\{ h \left(1 - \sigma^2 \frac{1}{\sigma^2} + \frac{\sigma^2}{\sigma_x^2} \right) \sigma_x^2 - h \sigma^2 \right\}$$

$$= 0$$

可知最小二乘估计值 $\hat{x}$ 和估计误差 e 是不相关的。也可以说最小二乘估计值 $\hat{x}$ 和估计误差 e 正交。

由于上述最小二乘估计法是针对一个变量的，因此考虑式 (5-72)，通过卡尔曼滤波器获得多个变量观测值。

$$\boldsymbol{y} = \boldsymbol{H}\boldsymbol{x} + \boldsymbol{w} \qquad (5-72)$$

式中，$\boldsymbol{y}$ 是观测向量 $\boldsymbol{y} = [y_i]^{\mathrm{T}}$；$\boldsymbol{x}$ 是信号向量 $\boldsymbol{x} = [x_i]^{\mathrm{T}}$；$\boldsymbol{w}$ 是观测噪声向量，$\boldsymbol{w} = [w_i]^{\mathrm{T}}$，$(i = 1, 2, \cdots, n)$；$\boldsymbol{H}$ 是观测行列，$\boldsymbol{H} = [H_{ij}]$ $(i = 1, 2, \cdots, n; j = 1, 2, \cdots, n)$。

假设信号 $\boldsymbol{x}$ 和噪声 $\boldsymbol{w}$ 是不相关的，并且平均值向量和协方差矩阵如下。

$$\mathrm{E}[\boldsymbol{x}] = \bar{\boldsymbol{x}}, \ \mathrm{E}[(\boldsymbol{x} - \bar{\boldsymbol{x}})(\boldsymbol{x} - \bar{\boldsymbol{x}})^{\mathrm{T}}] = \sum_x \qquad (5-73)$$

$$\mathrm{E}[\boldsymbol{w}] = \bar{\boldsymbol{w}}, \ \mathrm{E}[(\boldsymbol{w} - \bar{\boldsymbol{w}})(\boldsymbol{w} - \bar{\boldsymbol{w}})^{\mathrm{T}}] = \sum_w \qquad (5-74)$$

于是，输出 y 的平均值向量和协方差矩阵变为如下形式。

$$\mathrm{E}[\boldsymbol{y}] = \mathrm{E}[\boldsymbol{H}\boldsymbol{x} + \boldsymbol{w}] = \boldsymbol{H}\bar{\boldsymbol{x}} + \bar{\boldsymbol{w}} \qquad (5-75)$$

$$\mathrm{E}[(\boldsymbol{y} - \mathrm{E}[\boldsymbol{y}])(\boldsymbol{y} - \mathrm{E}[\boldsymbol{y}])^{\mathrm{T}}] = \mathrm{E}[(\boldsymbol{H}\boldsymbol{x} + \boldsymbol{w} - \boldsymbol{H}\bar{\boldsymbol{x}} - \bar{\boldsymbol{w}})(\boldsymbol{H}\boldsymbol{x} + \boldsymbol{w} - \boldsymbol{H}\bar{\boldsymbol{x}} - \bar{\boldsymbol{w}})^{\mathrm{T}}]$$

$$= \mathrm{E}[\{\boldsymbol{H}(\boldsymbol{x} + \bar{\boldsymbol{x}}) + \boldsymbol{w} - \bar{\boldsymbol{w}}\}\{\boldsymbol{H}(\boldsymbol{x} + \bar{\boldsymbol{x}}) + \boldsymbol{w} - \bar{\boldsymbol{w}}\}^{\mathrm{T}}]$$

$$= \boldsymbol{H} \sum_x \boldsymbol{H}_-^{\mathrm{T}} + \sum_w \qquad (5-76)$$

接下来，同单个变量一样，为了从观测值向量 $\boldsymbol{y}$ 获得信号向量 $\boldsymbol{x}$ 的估计向量 $\hat{\boldsymbol{x}}$，按如下所示，将 $\hat{\boldsymbol{x}}$ 作为 $\boldsymbol{y}$ 的一次函数进行考虑。

$$\hat{x} = Fy + d \qquad (5-77)$$

这里，F 是 n×n 矩阵，d 是 n×1 向量。用下式定义估计误差向量 e，求出如下式的均方误差最小时的 F 和 d。

$$e = x - \hat{x} \qquad (5-78)$$

假定估计误差向量的平均值为 0，得到以下条件。

$$\mathrm{E}[e] = \mathrm{E}[x - Fy - d] = \bar{x} - F(H\bar{x} + \bar{w}) - d = 0 \qquad (5-79)$$

接着，获得与 F 和 d 相关的以下条件。

$$d = \bar{x} - F(H\bar{x} + \bar{w}) = (I - FH)\bar{x} - F\bar{w} \qquad (5-80)$$

接下来，为了求出估计误差向量的最小值，用下式定义估计误差向量的协方差矩阵。

$$P = \mathrm{E}[ee^{\mathrm{T}}] \qquad (5-81)$$

将 P 展开如下。

$$
\begin{aligned}
P &= \mathrm{E}\big[(x - Fy - d)(x - Fy - d)^{\mathrm{T}}\big] \\
&= \mathrm{E}\big[(x - F(Hx + w) - d)(x - F(Hx + w) - d)^{\mathrm{T}}\big] \\
&= \mathrm{E}\big[\{(I - FH)(x - \bar{x}) - F(w - \bar{w})\}\{(I - FH)(x - \bar{x}) - F(w - \bar{w})\}^{\mathrm{T}}\big]
\end{aligned}
$$

$$
\boxed{
\begin{aligned}
\because x - F(Hx + w) - d &= (I - FH)x - Fw - d \\
&= (I - FH)x - Fw - (I - FH)\bar{x} + F\bar{w} \\
&= (I - FH)(x - \bar{x}) - F(w - \bar{w})
\end{aligned}
} \qquad (5-82)
$$

$$
\begin{aligned}
&= (I - FH)\mathrm{E}\big[(x - \bar{x})(x - \bar{x})^{\mathrm{T}}\big](I - FH)^{\mathrm{T}} + F\mathrm{E}\big[w - \bar{w}(w - \bar{w})\big]F^{\mathrm{T}} \\
&= (I - FH)\sum\nolimits_{x}(I - FH)^{\mathrm{T}} + F\sum\nolimits_{w}F^{\mathrm{T}} \\
&= F\big(H\sum\nolimits_{x}H^{\mathrm{T}} + \sum\nolimits_{w}\big)F^{\mathrm{T}} - FH\sum\nolimits_{x} - \sum\nolimits_{x}H^{\mathrm{T}}F^{\mathrm{T}} + \sum\nolimits_{x}
\end{aligned}
$$

式中，

$$A = H\sum\nolimits_{x}H^{\mathrm{T}} + \sum\nolimits_{w}, B = H\sum\nolimits_{x} \qquad (5-83)$$

将上式简化为下式。

$$
\begin{aligned}
P &= FAF^{\mathrm{T}} - FB - B^{\mathrm{T}}F^{\mathrm{T}} + \sum\nolimits_{x} \\
&= (F - B^{\mathrm{T}}A^{-1})A(F - B^{\mathrm{T}}A^{-1})^{\mathrm{T}} + \sum\nolimits_{x} - B^{\mathrm{T}}A^{-1}B
\end{aligned} \qquad (5-84)
$$

由于 F 的要素变量为 2 次变量，上式已变形为完全平方，因此当 $F = B^T A^{-1}$ 时，协方差矩阵 P 取最小值 $P = \sum_x - B^T A^{-1} B$。也就是说，在多变量的情况下，最小二乘估计值 $\hat{x}$ 为下式。

$$
\begin{aligned}
\hat{x} &= Fy + (I - FH)\bar{x} - F\bar{w} \\
&= \bar{x} + F\{y - (F\bar{x} + \bar{w})\} \\
&= \bar{x} + \sum_x H^T \Big(H \sum_x H^T + \sum_w\Big)^{-1}\{y - (H\bar{x} + \bar{w})\}
\end{aligned} \tag{5-85}
$$

此时，协方差矩阵的最小值和矩阵 F 为下式。

$$
P = \sum_x - \sum_x H^T \Big(H \sum_x H^T + \sum_w\Big)^{-1} H \sum_x \tag{5-86}
$$

$$
F = \sum_x H^T \Big(H \sum_x H^T + \sum_w\Big)^{-1} \tag{5-87}
$$

在多变量的情况下，为了使最小二乘估计更加简明易懂，引入以下逆矩阵的变换。

$$
(A + BC)^{-1} = A^{-1} - A^{-1} B(I + CA^{-1}B)^{-1} CA^{-1} \tag{5-88}
$$

式中，矩阵 A 为正方、正则矩阵，矩阵 B、C 可以不为正方矩阵。在此，将该变化规则适用于下式。

$$
\begin{aligned}
\Big(\sum_x^{-1} + H^T \sum_w^{-1} H\Big)^{-1} &= \sum_x - \sum_x H^T \Big(I + \sum_w^{-1} H \sum_x H^T\Big)^{-1} \sum_w^{-1} H \sum_x \\
&= \sum_x - \sum_x H^T \Big\{\sum_w^{-1}\Big(\sum_w + H \sum_x H^T\Big)\Big\}^{-1} \sum_w^{-1} H \sum_x \\
&= \sum_x - \sum_x H^T \Big(\sum_w + H \sum_x H^T\Big)^{-1} \sum_w \sum_w^{-1} H \sum_x \\
&= \sum_x - \sum_x H^T \Big(\sum_w + H \sum_x H^T\Big)^{-1} H \sum_x \\
&= P
\end{aligned} \tag{5-89}
$$

同样地，当适用于公式（5-85）时，由于能够变形为 $F = PH^T \sum_w^{-1}$，因此在多变量情况下的最小二乘估计值和协方差矩阵的最小值为下式。

$$
\hat{x} = \bar{x} + P_x H^T \sum_w^{-1}\{y - (H\bar{x} + \bar{w})\} \tag{5-90}
$$

$$
P = \sum_x - \sum_x H^T \Big(\sum_w + H \sum_x H^T\Big)^{-1} H \sum_x \tag{5-91}
$$

另外，多变量情况下，估计值与估计误差也是正交，下式成立。

$$
E[\hat{x} e^T] = 0 \tag{5-92}
$$

5.4 贝叶斯统计

卡尔曼滤波器由于是从先验估计求出后验估计，因此是在贝叶斯统计的框架下进行的，该框架是从先验概率分布中统计推测出后验概率分布。先整体了解一下贝叶斯统计。

将事件 A 发生的概率写作 $P(A)$，事件 A 和事件 B 同时发生的概率写作 $P(A,B)$，在 B 发生的前提下 A 发生的条件概率写作 $P(A|B)$。于是，以下关系成立。

$$P(A,B) = P(A|B)P(B) \qquad (5-93)$$
$$P(A,B) = P(B|A)P(A) \qquad (5-94)$$

将这些公式变形得到下式。

$$P(A|B) = P(A,B)/P(B) \qquad (5-95)$$
$$P(B|A) = P(A,B)/P(A) \qquad (5-96)$$

由于这些公式是等价的，因此可以通过以下方式整合获得贝叶斯定理。

$$P(A|B) = P(A)P(B|A)/P(B) \qquad (5-97)$$

这里，将 $P(A)$ 作为先验概率，$P(A|B)$ 作为后验概率，$P(B|A)$ 作为似然进行考虑。于是，贝叶斯定理可以解释为针对观测前的先验概率，考虑新的观测结果 $P(B)$ 和似然来修正后验概率。

接着，当给出观测数据 $y = \{y(1), y(2), \cdots, y(n)\}$ 时，如果将未知参数设为 θ，则观测数据的概率分布为 $p(y|\theta)$，得到以下贝叶斯统计。

$$p(\theta|y) = p(\theta)p(y|\theta)/p(y) \qquad (5-98)$$

$p(\theta|y)$ 是在观测到数据 y 后的后验分布，$p(\theta)$ 是先验分布，$p(y|\theta)$ 是似然。该公式类似于式（5-97），表示先验分布根据新的观察结果和似然被修正为后验分布。为了清楚地表达这一点，不计算 $p(y)$，而是表示为下式。

$$p(\theta|y) \propto p(\theta)p(y|\theta) \qquad (5-99)$$

现在，让我们从贝叶斯统计的观点来看一下观测式（5-60）。将 $y = hx + w$ 的变量 x 设为遵循正态分布的随机变量中的 1 个变量，即在更新正态分布 $N(\bar{x}, \sigma_x^2)$ 的平均值 $\bar{x}$ 精度的同时进行改良。另外，噪声 w 也是随机变量，设为与 x 独立的、遵循正态分布的白噪声 $N(0, \sigma_w^2)$。于是，观测值 y 也为正态分布。

对该观测公式的解释是，在已知观测值 y 时，求出随机变量 x 的概率密度函数。也就是说，为了求出附带条件的概率 $p(x|y)$，要使用式 (5-97)。将 x, y 适用于式 (5-97)，得到下式。

$$p(x|y) \propto p(x)p(y|x) \tag{5-100}$$

式中，$p(x)$ 是先验分布；$p(y|x)$ 是似然；$p(x|y)$ 是后验分布。对它们分别进行计算，结果如下。

由于先验分布 $p(x)$ 为正态分布 $N(\mu, \sigma_x^2)$，因此有以下公式。

$$p(x) = \frac{1}{\sqrt{2\pi\sigma_x^2}} e^{-\frac{(x-\bar{x})^2}{2\sigma_x^2}} \tag{5-101}$$

在概率密度 x 确定的条件下，似然 $p(x|y)$ 为随机变量 y 的概率密度函数。首先，计算平均值 $\mathrm{E}(y)$，有

$$\begin{aligned} \mathrm{E}(y) &= \mathrm{E}(hx + w) \\ &= h\mathrm{E}(x) + \mathrm{E}(w) \\ &= h\bar{x} \quad (\because \mathrm{E}[w] = 0) \end{aligned} \tag{5-102}$$

然后计算方差 $\mathrm{V}(y)$，则有

$$\begin{aligned} \mathrm{V}(y) &= \mathrm{V}(hx + w) \\ &= h^2\mathrm{V}(x) + \mathrm{V}(w) \\ &= \mathrm{V}(w) \quad (\because x \text{ 为确定值}, \therefore \mathrm{V}(x) = 0) \\ &= \sigma_w^2 \end{aligned} \tag{5-103}$$

于是，随机变量 y 遵循正态分布 $N(h\bar{x}, \sigma_w^2)$，有以下公式。

$$p(y|x) = \frac{1}{\sqrt{2\pi\sigma_w^2}} e^{-\frac{(y-h\bar{x})^2}{2\sigma_w^2}} \tag{5-104}$$

由于后验分布 $p(x|y)$ 是先验分布×似然，则有

$$\begin{aligned} p(x|y) &\propto p(x)p(y|x) \\ &= \frac{1}{\sqrt{2\pi\sigma_x^2}} e^{-\frac{(x-\bar{x})^2}{2\sigma_x^2}} \frac{1}{\sqrt{2\pi\sigma_w^2}} e^{-\frac{(y-h\bar{x})^2}{2\sigma_w^2}} \\ &\propto e^{-\frac{(x-\bar{x})^2}{2\sigma_x^2}} e^{-\frac{(y-h\bar{x})^2}{2\sigma_w^2}} \quad \left(\because \frac{1}{\sqrt{2\pi\sigma_x^2}} \text{ 和} \frac{1}{\sqrt{2\pi\sigma_w^2}} \text{ 是常数}\right) \end{aligned}$$

$$= e^{-\frac{(x^2-2\bar{x}x+\bar{x}^2)}{2\sigma_x^2}} e^{-\frac{(y^2-2h\bar{x}y+h^2\bar{x}^2)}{2\sigma_w^2}} \qquad (5-105)$$

$$\propto e^{-\frac{(x^2-2\bar{x}x)}{2\sigma_x^2}} e^{-\frac{(-2h\bar{x}y+h^2\bar{x}^2)}{2\sigma_w^2}} \quad (\because \bar{x} \text{ 与 } y \text{ 是常数})$$

$$= e^{-\frac{1}{2}\left(\frac{h^2}{\sigma_w^2}+\frac{1}{\sigma_x^2}\right)x^2 + \left(\frac{hy}{\sigma_w^2}+\frac{\bar{x}}{\sigma_x^2}\right)x}$$

如果设后验分布 $p(x\,|\,y)$ 的平均值为 $\hat{x}$，设方差为 σ^2，则可以用下式进行表示。

$$p(x\,|\,y) = \frac{1}{\sqrt{2\pi\sigma^2}}e^{-\frac{(x-\hat{x})^2}{2\sigma^2}}$$

$$\propto e^{-\frac{(x-\hat{x})^2}{2\sigma^2}}$$

$$= e^{-\frac{1}{2\sigma^2}x^2 + \frac{\hat{x}}{\sigma^2}x - \frac{\hat{x}^2}{2\sigma^2}} \qquad (5-106)$$

$$\propto e^{-\frac{1}{2\sigma^2}x^2 + \frac{\hat{x}}{\sigma^2}x} \quad \left(\because \frac{\hat{x}^2}{2\sigma^2} \text{ 是常数}\right)$$

这里，将式（5-105）和式（5-106）看作同一值，将指数部分的系数相加，则有

$$\frac{1}{\sigma^2} = \frac{h^2}{\sigma_w^2} + \frac{1}{\sigma_x^2} \qquad (5-107)$$

将式（5-107）变形得到下式。

$$\sigma_x'^2 = \frac{1}{\sigma_x^{-2} + h^2\sigma_w^{-2}} \qquad (5-108)$$

注意式（5-107）就是用最小二乘法推导出的式（5-67）。

另外，将使得后验概率密度函数为最大的 $x = \hat{x}$ 作为估计值的方法称为最大似然估计法。同时，如果信号 x 和噪声 w 遵循正态分布，则最小二乘估计值与最大似然估计值相同。

接下来，让我们从贝叶斯统计的观点来看一下多变量情况下的观测式（5-72）。假设 $y = Hx + w$ 的变量向量 x 和噪声向量 w 为遵循正态分布的随机变量向量。设平均值向量 $\bar{x}$、协方差矩阵 $\sum_x$、平均值向量的平均值 $\bar{w}$、协方差矩阵 $\sum_w$。在这些假设下，观测值向量 y 也遵循正态分布。

与一个变量的情况相同，对于该观测式的解释是：在已知观测值向量 y 时求出随机变量向量 x 的概率密度函数 $p(x\,|\,y)$。这里省略过程中的展开步骤，则 $p(x\,|\,y)$ 为下式。

$$p(\boldsymbol{x}\,|\,\boldsymbol{y}) = \frac{1}{\sqrt{(2\pi)^n \det \boldsymbol{P}}} \exp\left[-\frac{1}{2}(x-\hat{x})^{\mathrm{T}}\boldsymbol{P}^{-1}(x-\hat{x})^{\mathrm{T}}\right] \quad (5-109)$$

式中，n 是向量的维度，$\boldsymbol{P}$ 与最小二乘法相同，为

$$\boldsymbol{P} = \left(\sum_x^{-1} + \boldsymbol{H}^{\mathrm{T}}\sum_w^{-1}\boldsymbol{H}\right)^{-1} \quad (5-110)$$

其概率密度函数在 $x=\hat{x}$ 时最大，$\hat{x}$ 称为最大似然估计值，与最小二乘法相同，有

$$\hat{x} = \bar{x} + P_x\boldsymbol{H}^{\mathrm{T}}\sum_w^{-1}\{y-(\boldsymbol{H}\bar{x}+\bar{w})\} \quad (5-111)$$

5.5 逐次最小二乘估计法

卡尔曼滤波器的特征是结合时间序列数据的更新依次更新状态估计值。在维纳滤波器中，是将应用滤波器时之前已经累积的数据进行批量处理。这就是卡尔曼滤波器和维纳滤波器的最大区别。到目前为止所说的最小二乘估计法也是针对批量处理的情况。因此，在对卡尔曼滤波器进行说明前，需要先介绍逐次最小二乘估计法。首先，让我们通过示意图来理解批量处理的最小二乘估计法和逐次最小二乘估计法之间的差异。图 5.19 所示是批量处理型最小二乘估计法的示意图，图 5.20 所示是逐次最小二乘估计法的示意图。从这些示意图中可以清楚地看出，逐次最小二乘估计法是适合于在线实时处理的方法，并且可以在每个处理时刻获得在最佳方向上修正的值。可以看出，在需要实时处理的车载传感器数据处理中，必须使用逐次最小二乘估计法。

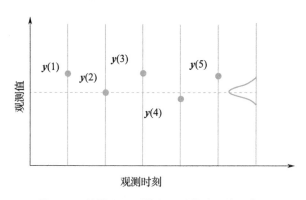

图 5.19　批量处理型最小二乘估计法的示意图

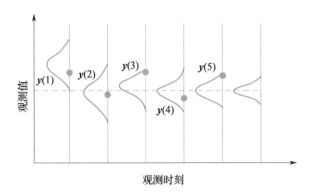

图 5.20 逐次最小二乘估计法的示意图

将式 (5-72) 的时间序列数据形式表示为下式。

$$y(k) = Hx(k) + w(k) \tag{5-112}$$

式中，$w(k)$ 是平均值 0、协方差矩阵 R 的白高斯噪声。

这其实就是线性离散时间状态空间模型的观测式 (5-58)。在此，使用根据时刻 $k-1$ 的状态估计值 $\hat{x}(k-1)$ 预测得到的观测值 $H\hat{x}(k-1)$ 和在时刻 k 处的观测值 $y(k)$ 对状态估计值 $\hat{x}(k)$ 进行如下修正。

$$\hat{x}(k) = \hat{x}(k-1) + K(k)[y(k) - H\hat{x}(k-1)] \tag{5-113}$$

式中，$K(k)$ 是增益的系数矩阵。

假设真值 x 和估计值 $\hat{x}(k)$ 之间的差为估计误差 $\tilde{x}(k)$，则有

$$\tilde{x}(k) = x - \hat{x}(k) \tag{5-114}$$

对于估计误差 $\tilde{x}(k)$ 的平均值可以进行如下计算。

$$
\begin{aligned}
\mathrm{E}[\tilde{x}(k)] &= \mathrm{E}[x - \hat{x}(k)]\\
&= \mathrm{E}[x - \hat{x}(k-1) - K(k)[y(k) - H\hat{x}(k-1)]]\\
&= \mathrm{E}[x - \hat{x}(k-1) - K(k)[Hx + w(k) - H\hat{x}(k-1)]]\\
&= \mathrm{E}[x - \hat{x}(k-1) - K(k)H[x - \hat{x}(k-1)] - K(k)w(k)] \quad (5-115)\\
&= \mathrm{E}[x - \hat{x}(k-1) - K(k)H[\tilde{x}(k-1)] - K(k)w(k)]\\
&= [I - K(k)H]\mathrm{E}[\tilde{x}(k-1)] - K(k)\mathrm{E}[w(k)]\\
&= [I - K(k)H]\mathrm{E}[\tilde{x}(k-1)] \quad (\because \mathrm{E}[w(k)] = 0)
\end{aligned}
$$

估计误差协方差矩阵 $P(k)$ 为

$$P(k) = \mathrm{E}[\tilde{x}(k)\tilde{x}(k)^{\mathrm{T}}]$$

$$= \mathrm{E}\big[\big[(I - K(k)H)\tilde{x}(k-1) - K(k)w(k)\big] \times$$

$$\big[(I - K(k)H)\tilde{x}(k-1) - K(k)w(k)\big]^{\mathrm{T}}\big] \tag{5-116}$$

$$= \big[(I - K(k)H)\mathrm{E}[\tilde{x}(k-1)\tilde{x}(k-1)^{\mathrm{T}}][I - K(k)H]^{\mathrm{T}} -$$

$$K(k)\mathrm{E}[w(k)\tilde{x}(k-1)^{\mathrm{T}}][I - K(k)H]^{\mathrm{T}} -$$

$$[I - K(k)H]\mathrm{E}[\tilde{x}(k)w(k)^{\mathrm{T}}][K(k)^{\mathrm{T}} + K(k)\mathrm{E}[w(k)w(k)^{\mathrm{T}}]K(k)^{\mathrm{T}}]$$

由于估计误差和噪声是正交（无相关性），有 $\mathrm{E}[w(k)\tilde{x}(k-1)^{\mathrm{T}}]=0$、$\mathrm{E}[\tilde{x}(k)w(k)^{\mathrm{T}}]=0$，所以得到下式的 $P(k)$。

$$P(k) = [I - K(k)H]P(k-1)[I - K(k)H]^{\mathrm{T}} + K(k)RK(k)^{\mathrm{T}} \tag{5-117}$$

假设估计误差的平方为使估计误差最小的评估函数 $J(k)$，则有

$$J(k) = \mathrm{E}[\tilde{x}(k)\tilde{x}(k)^{\mathrm{T}}] = \mathrm{E}[\mathrm{Tr}(\tilde{x}(k)\tilde{x}(k)^{\mathrm{T}})] = \mathrm{Tr}\,\mathrm{E}[\tilde{x}(k)\tilde{x}(k)^{\mathrm{T}}] = \mathrm{Tr}P(k) \tag{5-118}$$

对其使用 $K(k)$ 进行微分并使之为 0，则有

$$\frac{\partial J(k)}{\partial K(k)} = -2[I - K(k)H]P(k-1)H^{\mathrm{T}} + 2K(k)R = 0 \tag{5-119}$$

由此，得到下式的增益 $K(k)$。

$$K(k) = P(k-1)H^{\mathrm{T}}(HP(k-1)H^{\mathrm{T}} + R)^{-1} \tag{5-120}$$

利用该增益及式（5-88）的逆矩阵引理使 $P(k)$ 变形，得到下式。

$$P(k) = [I - K(k)H]P(k-1) \tag{5-121}$$

根据上述结果，可将逐次最小二乘估计法的更新算法（观测噪声 $w(k)$ 的平均值为 0，协方差矩阵为 R 的情况）设定如下。

1）初始值设置。

$$\hat{x}(0) = \mathrm{E}[x(0)]$$

$$P(0) = \mathrm{E}[[\hat{x}(0) - x(0)][\hat{x}(0) - x(0)]^{\mathrm{T}}]$$

2）观测值采集。

$$y(k) = Hx(k) + w(k)$$

3）估计值更新。

$$K(k) = P(k-1)H^{\mathrm{T}}(HP(k-1)H^{\mathrm{T}} + R)^{-1}$$
$$\hat{x}(k) = \hat{x}(k-1) + K(k)[y(k) - H\hat{x}(k-1)]$$
$$P(k) = [I - K(k)H]P(k-1)$$

4）以下重复 2）~3）。

5.6　卡尔曼滤波器[1]

将逐次最小二乘估计法扩展到卡尔曼滤波器。首先，将式（5-58）所示的状态公式改写为由当前时刻 k 所看到的形式，假设观测式保持不变，则有

$$x(k) = Ax(k-1) + bv(k-1)$$
$$y(k) = c^{\mathrm{T}}x(k) + w(k) \tag{5-122}$$

在这里，将基于时刻 $k-1$ 之前的观测值状态量 $x(k)$ 的估计值定义为预估值，将基于时刻 k 之前的观测值状态量 $x(k)$ 的估计值定义为后验估值。于是，预估值和后验估值可分别表示如下。

$$\hat{x}(k\,|\,k-1) = \mathrm{E}[x(k)\,|\,y(1),y(2),\cdots,y(k-1)] \tag{5-123}$$
$$\hat{x}(k\,|\,k) = \mathrm{E}[x(k)\,|\,y(1),y(2),\cdots,y(k)] \tag{5-124}$$

也就是说，利用逐次最小二乘估计法得到的状态预估值可以按以下方式扩展。

	逐次最小二乘估计法	→	卡尔曼滤波器
预估值	$\hat{x}(k-1)$	→	$\hat{x}(k\,|\,k-1)$
后验估值	$\hat{x}(k)$	→	$\hat{x}(k\,|\,k)$

也就是说，卡尔曼滤波器根据观测值 $y(k-1)$ 和状态公式，反复对下一步后的预估值通过时间更新进行预测，以及利用最新观测值 $y(k)$ 对预估值通过观测更新进行修正。

后验估值的前提是假设以下线性概念的线性预测器对于预估值和观测值是成立的。

$$\text{后验估值} = G(k) \times \text{预估值} + g(k) \times \text{最新观测值}$$

则有下式成立：

$$\hat{x}(k\,|\,k) = G(k)\hat{x}(k\,|\,k-1) + g(k)y(k) \qquad (5-125)$$

这是在前面说明的贝叶斯估计，这进一步改进了更新逐次状态量的逐次最小二乘估计法。而这里的问题是确定两个增益 $G(k)$ 和 $g(k)$。

首先，根据正交性原理，估计误差 $\hat{x}(k)$ 和观测值 $y(i)$，$i=1$，2，$\cdots$，$k-1$ 是正交的，因此可以计算下式的条件：

$$
\begin{aligned}
\mathrm{E}[\hat{x}(k\,|\,k)y(i)] &= \mathrm{E}[\{x(k) - \hat{x}(k\,|\,k)\}y(i)]\\
&= \mathrm{E}[\{x(k) - G(k)\hat{x}(k\,|\,k-1) - g(k)y(k)\}y(i)]\\
&= \mathrm{E}[\{x(k) - G(k)\hat{x}(k\,|\,k-1) - g(k)(c^{\mathrm{T}}x(k) + w(k))\}y(i)]\\
&= \mathrm{E}[\{x(k) - G(k)\hat{x}(k\,|\,k-1) - g(k)c^{\mathrm{T}}x(k) + g(k)w(k)\}y(i)]\\
&= \mathrm{E}[\{x(k) - G(k)\hat{x}(k\,|\,k-1) - g(k)c^{\mathrm{T}}x(k)\}y(i)] \qquad (5-126)\\
&\qquad\qquad\qquad\qquad\qquad\qquad (\because \mathrm{E}[w(k)y(i)] = 0)\\
&= \mathrm{E}[\{I - g(k)c^{\mathrm{T}} - G(k)\}x(k)y(i) + G(k)\{x(k) - \hat{x}(k\,|\,k-1)\}y(i)]\\
&= \mathrm{E}[\{I - g(k)c^{\mathrm{T}} - G(k)\}x(k)y(i) + G(k)\hat{x}(k\,|\,k-1)y(i)]\\
&= \mathrm{E}[\{I - g(k)c^{\mathrm{T}} - G(k)\}x(k)y(i)] \quad (\because \mathrm{E}[\hat{x}(k\,|\,k-1)y(i)] = 0)\\
&= (I - g(k)c^{\mathrm{T}} - G(k))\mathrm{E}[x(k)y(i)] = \mathbf{0}
\end{aligned}
$$

这里，由于 $\mathrm{E}[x(k)y(i)] \neq 0$，因此式（5-125）要想成立，必须有：

$$I - g(k)c^{\mathrm{T}} - G(k) = 0 \qquad (5-127)$$

由此，可得

$$G(k) = I - g(k)c^{\mathrm{T}} \qquad (5-128)$$

使用此关系将线性预测器式（5-124）变形如下。

$$
\begin{aligned}
\hat{x}(k\,|\,k) &= \hat{x}(k\,|\,k-1) + g(k)(y(k) - c^{\mathrm{T}}\hat{x}(k\,|\,k-1))\\
&= \hat{x}(k\,|\,k-1) + g(k)(y(k) - \hat{y}(k\,|\,k-1)) \qquad (5-129)\\
&= \hat{x}(k\,|\,k-1) + g(k)\hat{y}(k\,|\,k-1)
\end{aligned}
$$

$g(k)$ 被称为卡尔曼增益，式（5-128）具有以下意义。

$$后验估值 = 预估值 + 卡尔曼增益 \times 输出预测误差$$

换句话说，卡尔曼滤波器是使用通过卡尔曼增益调整输出预测误差，再求取逐次后验估值的方法。那么让我们试着求卡尔曼增益。

首先，后验状态误差向量 $\tilde{x}(k)$ 和输出预测误差 $\tilde{y}(k)$ 可分别表示如下。

$$\begin{aligned}
\tilde{\boldsymbol{x}}(k\,|\,k) &= \boldsymbol{x}(k) - \hat{\boldsymbol{x}}(k) \\
&= \boldsymbol{x}(k) - \hat{\boldsymbol{x}}(k\,|\,k-1) - \boldsymbol{g}(k)(y(k) - \boldsymbol{c}^{\mathrm{T}}\hat{\boldsymbol{x}}(k\,|\,k-1)) \\
&= \tilde{\boldsymbol{x}}(k\,|\,k-1) - \boldsymbol{g}(k)(\boldsymbol{c}^{\mathrm{T}}\boldsymbol{x}(k) + w(k) - \boldsymbol{c}^{\mathrm{T}}\hat{\boldsymbol{x}}(k\,|\,k-1)) \quad (5-130) \\
&= \tilde{\boldsymbol{x}}(k\,|\,k-1) - \boldsymbol{g}(k)(\boldsymbol{c}^{\mathrm{T}}\tilde{\boldsymbol{x}}(k\,|\,k-1) + w(k)) \\
&= (\boldsymbol{I} - \boldsymbol{g}(k)\boldsymbol{c}^{\mathrm{T}})\tilde{\boldsymbol{x}}(k\,|\,k-1) - \boldsymbol{g}(k)w(k)
\end{aligned}$$

$$\begin{aligned}
\tilde{y}(k\,|\,k) &= y(k) - \hat{y}(k\,|\,k-1) \\
&= y(k) - \boldsymbol{c}^{\mathrm{T}}\hat{\boldsymbol{x}}(k\,|\,k-1) \quad (5-131) \\
&= \boldsymbol{c}^{\mathrm{T}}\boldsymbol{x}(k\,|\,k-1) + w(k) - \boldsymbol{c}^{\mathrm{T}}\hat{\boldsymbol{x}}(k\,|\,k-1) \\
&= \boldsymbol{c}^{\mathrm{T}}\tilde{\boldsymbol{x}}(k\,|\,k-1) + w(k)
\end{aligned}$$

然后，由于观测值与后验状态估计误差正交，所以可如下式进行展开。

$$\begin{aligned}
&\mathrm{E}[\{\boldsymbol{x}(k) - \hat{\boldsymbol{x}}(k\,|\,k)\}\hat{y}(k\,|\,k-1)] \\
&= \mathrm{E}[\{\boldsymbol{x}(k) - \hat{\boldsymbol{x}}(k\,|\,k)\}\{y(k) - \hat{y}(k\,|\,k-1)\}] \\
&= \mathrm{E}[\tilde{\boldsymbol{x}}(k\,|\,k)\hat{y}(k\,|\,k)] \\
&= \mathrm{E}[\{(\boldsymbol{I} - \boldsymbol{g}(k)\boldsymbol{c}^{\mathrm{T}})\tilde{\boldsymbol{x}}(k\,|\,k-1) - \boldsymbol{g}(k)w(k)\}\{\boldsymbol{c}^{\mathrm{T}}\tilde{\boldsymbol{x}}(k\,|\,k-1) + w(k)\}] \\
&= \mathrm{E}[\{(\boldsymbol{I} - \boldsymbol{g}(k)\boldsymbol{c}^{\mathrm{T}})\tilde{\boldsymbol{x}}(k\,|\,k-1)\}\boldsymbol{c}^{\mathrm{T}}\tilde{\boldsymbol{x}}(k\,|\,k-1)] + \\
&\quad\ \mathrm{E}[\{(\boldsymbol{I} - \boldsymbol{g}(k)\boldsymbol{c}^{\mathrm{T}})\tilde{\boldsymbol{x}}(k\,|\,k-1)\}w(k)] + \\
&\quad\ \mathrm{E}[\boldsymbol{g}(k)w(k)\boldsymbol{c}^{\mathrm{T}}\tilde{\boldsymbol{x}}(k\,|\,k-1)] + \quad (5-132) \\
&\quad\ \mathrm{E}[\boldsymbol{g}(k)w^2(k)] \\
&= \mathrm{E}[\{(\boldsymbol{I} - \boldsymbol{g}(k)\boldsymbol{c}^{\mathrm{T}})\tilde{\boldsymbol{x}}(k\,|\,k-1)\}\boldsymbol{c}^{\mathrm{T}}\tilde{\boldsymbol{x}}(k\,|\,k-1)] + \mathrm{E}[\boldsymbol{g}(k)w^2(k)] \\
&\hspace{4.5cm}(\because \mathrm{E}[w(k)]\tilde{\boldsymbol{x}}(k\,|\,k-1) = 0) \\
&= \mathrm{E}[((\boldsymbol{I} - \boldsymbol{g}(k)\boldsymbol{c}^{\mathrm{T}})\tilde{\boldsymbol{x}}(k\,|\,k-1)\tilde{\boldsymbol{x}}^{\mathrm{T}}(k-1))\boldsymbol{c}] - \boldsymbol{g}(k)\mathrm{E}[w^2(k)] \\
&= (\boldsymbol{I} - \boldsymbol{g}(k)\boldsymbol{c}^{\mathrm{T}})\mathrm{E}[\tilde{\boldsymbol{x}}(k\,|\,k-1)\tilde{\boldsymbol{x}}^{\mathrm{T}}(k-1)]\boldsymbol{c} - \boldsymbol{g}(k)\sigma_w^2 = 0
\end{aligned}$$

这里，用下式对先验协方差矩阵 $\boldsymbol{P}(k\,|\,k-1)$ 进行定义。

$$\begin{aligned}
\boldsymbol{P}(k\,|\,k-1) &= \mathrm{E}[\tilde{\boldsymbol{x}}(k\,|\,k-1)\tilde{\boldsymbol{x}}^{\mathrm{T}}(k\,|\,k-1)] \\
&= \mathrm{E}[\{\boldsymbol{x}(k) - \hat{\boldsymbol{x}}(k\,|\,k-1)\}\{\boldsymbol{x}(k) - \hat{\boldsymbol{x}}(k\,|\,k-1)\}^{\mathrm{T}}]
\end{aligned} \quad (5-133)$$

使用该式，解 $g(k)$，得到以下的卡尔曼增益。

$$\boldsymbol{g}(k) = \boldsymbol{P}(k\,|\,k-1)\boldsymbol{c}(\boldsymbol{c}^{\mathrm{T}}\boldsymbol{P}(k\,|\,k-1)\boldsymbol{c} + \sigma_w^2)^{-1} \quad (5-134)$$

假设获得了当前时刻的前一时刻的后验协方差矩阵

$$\boldsymbol{P}(k-1\,|\,k-1) = \mathrm{E}[\tilde{\boldsymbol{x}}(k-1\,|\,k-1)\tilde{\boldsymbol{x}}^{\mathrm{T}}(k-1\,|\,k-1)] \quad (5-135)$$

因为状态值 $x(k) = Ax(k-1) + bv(k-1)$ 的系统噪声的期望变为 0，因此先验状态估计值如下。

$$\hat{x}(k \mid k-1) = A\hat{x}(k-1 \mid k-1) \qquad (5-136)$$

因此，先验状态估计误差可按式 (5-137) 进行计算。

$$
\begin{aligned}
\tilde{x}(k \mid k-1) &= x(k) - \hat{x}(k \mid k-1) \\
&= Ax(k-1) + bv(k-1) - A\hat{x}(k-1 \mid k-1) \\
&= A\{x(k-1) - \hat{x}(k-1 \mid k-1)\} + bv(k-1) \\
&= A\hat{x}(k-1 \mid k-1) + bv(k-1)
\end{aligned} \qquad (5-137)
$$

根据这些条件，可以计算先验方差矩阵如下。

$$
\begin{aligned}
P(k \mid k-1) &= E[\{A\tilde{x}(k-1 \mid k-1) + bv(k-1)\}\{A\tilde{x}(k-1 \mid k-1) + bv(k-1)\}^{\mathrm{T}}] \\
&= AE[\tilde{x}(k-1 \mid k-1)\tilde{x}^{\mathrm{T}}(k-1 \mid k-1)]A^{\mathrm{T}} + AE[\tilde{x}(k-1 \mid k-1)v(k-1)^{\mathrm{T}}]b^{\mathrm{T}} + \\
&\quad bE[v(k-1)\tilde{x}(k-1 \mid k-1)]A^{\mathrm{T}} + bE[v^2(k-1)]b^{\mathrm{T}} \\
&= AP(k-1)A^{\mathrm{T}} + \sigma_v^2 bb^{\mathrm{T}} \qquad (\because E[\tilde{x}(k-1 \mid k-1)v(k-1)^{\mathrm{T}}] = 0)
\end{aligned} \qquad (5-138)
$$

再计算后验方差矩阵如下。

$$
\begin{aligned}
P(k \mid k) &= E[\tilde{x}(k \mid k)\tilde{x}^{\mathrm{T}}(k \mid k)] \\
&= E[\{(I - g(k)c^{\mathrm{T}})\tilde{x}(k \mid k-1) - g(k)w(k)\} \times \\
&\quad \{(I - g(k)c^{\mathrm{T}})\tilde{x}(k \mid k-1) - g(k)w(k)\}^{\mathrm{T}}] \\
&= (I - g(k)c^{\mathrm{T}})E[\tilde{x}(k \mid k-1)\tilde{x}^{\mathrm{T}}(k \mid k-1)] \times \\
&\quad (I - g(k)c^{\mathrm{T}})^{\mathrm{T}} + g(k)E[w^2(k)]g^{\mathrm{T}}(k) \\
&= (I - g(k)c^{\mathrm{T}})P(k \mid k-1)(I - g(k)c^{\mathrm{T}})^{\mathrm{T}} + \sigma_w^2 g(k)g^{\mathrm{T}}(k) \\
&= (I - g(k)c^{\mathrm{T}})P(k \mid k-1) - \\
&\quad (I - g(k)c^{\mathrm{T}})P(k \mid k-1)cg^{\mathrm{T}}(k) + \sigma_w^2 g(k)g^{\mathrm{T}}(k) \\
&= (I - g(k)c^{\mathrm{T}})P(k \mid k-1) - \sigma_w^2 g(k)g^{\mathrm{T}}(k) + \sigma_w^2 g(k)g^{\mathrm{T}}(k) \\
&= (I - g(k)c^{\mathrm{T}})P(k \mid k-1) \quad (\because (I - g(k)c^{\mathrm{T}})P(k \mid k-1)c = g(k)\sigma_w^2)
\end{aligned} \qquad (5-139)
$$

根据以上结果，卡尔曼滤波器的逐次更新算法（系统噪声方差为 σ_v^2，观测噪声方差为 σ_w^2 时）可以进行如下设定。

1) 初始值设置。

$$\hat{x}(0 \mid 0) = E[x(0)]$$

$$P(0 \mid 0) = E[(x(0) - E[x(0)])(x(0) - E[x(0)])^{\mathrm{T}}]$$

2）观测值采集。

$$y(k) = \boldsymbol{c}^{\mathrm{T}}\boldsymbol{x}(k) + w(k)$$

3）估计值更新。

①时间更新。

$$\hat{\boldsymbol{x}}(k \mid k-1) = \boldsymbol{A}\hat{\boldsymbol{x}}(k-1)$$
$$\boldsymbol{P}(k \mid k-1) = \boldsymbol{A}\boldsymbol{P}(k-1)\boldsymbol{A}^{\mathrm{T}} + \sigma_v^2 \boldsymbol{b}\boldsymbol{b}^{\mathrm{T}}$$

②卡尔曼增益。

$$\boldsymbol{g}(k) = \boldsymbol{P}(k \mid k-1)\boldsymbol{c}(\boldsymbol{c}^{\mathrm{T}}\boldsymbol{P}(k \mid k-1)\boldsymbol{c} + \sigma_w^2)^{-1}$$

③观测更新。

$$\tilde{\boldsymbol{x}}(k \mid k) = \hat{\boldsymbol{x}}(k \mid k-1) - \boldsymbol{g}(k)(\boldsymbol{y}(k) - \boldsymbol{c}^{\mathrm{T}}\hat{\boldsymbol{x}}(k \mid k-1))$$
$$\boldsymbol{P}(k \mid k) = (\boldsymbol{I} - \boldsymbol{g}(k)\boldsymbol{c}^{\mathrm{T}})\boldsymbol{P}(k \mid k-1)$$

4）以下重复 2）~3）。

在时间序列数据为多变量的情况下，将状态空间模型设为下式。

$$\boldsymbol{x}(k+1) = \boldsymbol{A}\boldsymbol{x}(k) + \boldsymbol{B}\boldsymbol{v}(k) \tag{5-140}$$
$$\boldsymbol{y}(k) = \boldsymbol{C}\boldsymbol{x}(k) + \boldsymbol{w}(k) \tag{5-141}$$

式中，$\boldsymbol{A}$ 是 $n \times n$ 矩阵；$\boldsymbol{B}$ 是 $n \times r$ 矩阵；$\boldsymbol{C}$ 是 $p \times n$ 矩阵；$\boldsymbol{x}(k)$ 是 n 维状态向量；$\boldsymbol{y}(k)$ 是 p 维观测向量；$\boldsymbol{v}(k)$ 是平均值向量 $\boldsymbol{0}$、协方差矩阵 $\boldsymbol{Q}$ 的 r 维系统噪声向量；$\boldsymbol{w}(k)$ 是平均值向量 $\boldsymbol{0}$、协方差矩阵 $\boldsymbol{R}$ 的 p 维观测噪声向量。更新算法如下。

1）初始值设置。

$$\hat{\boldsymbol{x}}(0 \mid 0) = \mathrm{E}[\boldsymbol{x}(0)]$$
$$\boldsymbol{P}(0 \mid 0) = \mathrm{E}[(\boldsymbol{x}(0) - \mathrm{E}[\boldsymbol{x}(0)])(\boldsymbol{x}(0) - \mathrm{E}[\boldsymbol{x}(0)])^{\mathrm{T}}]$$

2）观测值采集。

$$\boldsymbol{y}(k) = \boldsymbol{c}^{\mathrm{T}}\boldsymbol{x}(k) + w(k)$$

3）估计值更新。

①时间更新。

$$\hat{\boldsymbol{x}}(k \mid k-1) = \boldsymbol{A}\hat{\boldsymbol{x}}(k-1)$$
$$\boldsymbol{P}(k \mid k-1) = \boldsymbol{A}\boldsymbol{P}(k-1)\boldsymbol{A}^{\mathrm{T}} + \boldsymbol{B}\boldsymbol{Q}\boldsymbol{B}^{\mathrm{T}} \tag{5-142}$$

②卡尔曼增益。

$$G(k) = P(k \mid k - 1)C^{\mathrm{T}}(CP(k \mid k - 1)C^{\mathrm{T}} + R)^{-1} \qquad (5-143)$$

③观测更新。

$$\tilde{x}(k \mid k) = \hat{x}(k \mid k - 1) - G(k)(y(k) - C\hat{x}(k \mid k - 1)) \qquad (5-144)$$

$$P(k \mid k) = (I - G(k)C)P(k \mid k - 1) \qquad (5-145)$$

4）以下重复2）~3）。

5.7 非线性卡尔曼滤波器

卡尔曼滤波器示意图如图 5.21 所示，其状态公式是线性的，随机变量遵循正态分布。为了将卡尔曼滤波器应用于非线性系统，当随机变量遵循正态分布时，需要使用一些工具：①使用将非线性函数局部线性化并且适用卡尔曼滤波器的扩展卡尔曼滤波器（Extended Kalman Filter，EKF）；②对被称为无迹变换的随机变量进行统计采样的无迹卡尔曼滤波器（Unscented Kalman Filter，UKF）等。图 5.22 为 EKF 示意图，图 5.23 为 UKF 示意图。

此外，当系统为非线性，且随机变量不遵循正态分布时，有一种方法非常热门：基于随机采样蒙特卡洛法的粒子滤波器（Particle Filter，PF）。图 5.24 为 PF 示意图。

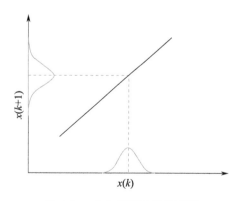

图 5.21　卡尔曼滤波器示意图

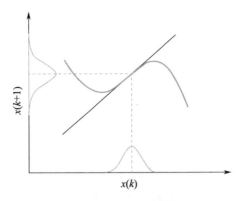

图 5. 22　EKF 示意图

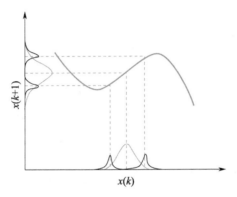

图 5. 23　UKF 示意图

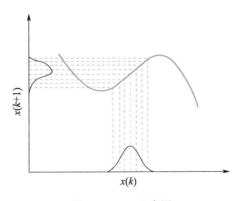

图 5. 24　PF 示意图

5.7.1 扩展卡尔曼滤波器

对非线性系统进行建模如下。

$$x(k+1) = f(x(k)) + bv(k) \tag{5-146}$$

$$y(k) = h(x(k)) + w(k) \tag{5-147}$$

利用泰勒展开对该式的 $f(x(k))$ 和 $h(x(k))$ 进行线形近似，得到下式。

$$x(k+1) = f(\hat{x}(k\,|\,k)) + A(k)(x(k) - \hat{x}(k\,|\,k)) \tag{5-148}$$

$$h(x(k)) = h(\hat{x}(k\,|\,k-1)) + c^{\mathrm{T}}(k)(x(k) - \hat{x}(k\,|\,k-1)) \tag{5-149}$$

式中，$A(k) = \partial f(x)/\partial x\,|_{x=\hat{x}(k)}$；$c^{\mathrm{T}}(k) = \partial h(x)/\partial x\,|_{x=\hat{x}(k\,|\,k-1)}$。

由于对非线性系统在观测时点进行了线性近似，所以可以适用卡尔曼滤波器的更新算法，从而能够实现以下 EKF 更新算法。

1）初始值设置。

$$\hat{x}(0\,|\,0) = \mathrm{E}[x(0)]$$

$$P(0\,|\,0) = \mathrm{E}[(x(0) - \mathrm{E}[x(0)])(x(0) - \mathrm{E}[x(0)])^{\mathrm{T}}]$$

2）观测值采集。

$$y(k) = c^{\mathrm{T}}x(k) + w(k) + h(\hat{x}(k\,|\,k+1)) + c^{\mathrm{T}}(k)(\hat{x}(k\,|\,k-1)) \tag{5-150}$$

3）估计值更新。

①时间更新。

$$\hat{x}(k\,|\,k-1) = f\hat{x}(k-1) \tag{5-151}$$

$$A(k-1) = \partial f(x)/\partial x\,|_{x=\hat{x}(k|k)}, c^{\mathrm{T}}(k) = \partial h(x)/\partial x\,|_{x=\hat{x}(k|k-1)} \tag{5-152}$$

$$P(k\,|\,k-1) = A(k-1)P(k-1)A^{\mathrm{T}}(k-1) + \sigma_v^2 bb^{\mathrm{T}} \tag{5-153}$$

②卡尔曼增益。

$$g(k) = P(k\,|\,k-1)c(k)(c^{\mathrm{T}}P(k\,|\,k-1)c + \sigma_w^2)^{-1} \tag{5-154}$$

③观测更新。

$$\tilde{x}(k\,|\,k) = \hat{x}(k\,|\,k-1) - g(k)(y(k) - h(\hat{x}(k\,|\,k-1)) \tag{5-155}$$

$$P(k\,|\,k) = (I - g(k)c^{\mathrm{T}})P(k\,|\,k-1) \tag{5-156}$$

4）以下重复 2）~3）。

5.7.2　无迹卡尔曼滤波器

在 EKF 中,通过对非线性函数进行线形近似,卡尔曼滤波器得以适用。然而,也存在无法进行线性近似的非线性函数(例如,存在不连续点的非线性函数),导致 EKF 适用范围变窄。因此,有一种方法不是将函数线性化,而是考虑用正态分布对概率分布进行近似处理,也就是 UKF。在 UKF 中,由于选择了被称为西格玛点的样本点进行统计近似,因此也被称为西格玛点卡尔曼滤波器。

如下所示,当 n 维的随机变量向量 $\boldsymbol{x}$ 通过非线性函数 $\boldsymbol{y} = \boldsymbol{f}(\boldsymbol{x})$ 被映射的情况下,执行无迹变换。只不过,需要将 $\boldsymbol{x}$ 的平均值设为 $\bar{\boldsymbol{x}}$,误差协方差矩阵设为 $\boldsymbol{P}_x$。首先,求出对应于平均值和标准偏差的共计 $2n+1$ 个下述西格玛点 $\boldsymbol{\chi}_i$,($i = 0$,1,$\cdots$,$2n$)。

$$\boldsymbol{\chi}_0 = \bar{\boldsymbol{x}} \tag{5-157}$$

$$\boldsymbol{\chi}_i = \bar{\boldsymbol{x}} + \sqrt{n+\kappa}\,(\sqrt{\boldsymbol{P}_x})_i,(i = 1,2,\cdots,n) \tag{5-158}$$

$$\boldsymbol{\chi}_{n+1} = \bar{\boldsymbol{x}} - \sqrt{n+\kappa}\,(\sqrt{\boldsymbol{P}_x})_i,(i = 1,2,\cdots,n) \tag{5-159}$$

式中,κ 是 0 以上的缩放参数;$(\sqrt{\boldsymbol{P}_x})_i$ 是协方差矩阵的平方根阵列 $\boldsymbol{P}_x$ 的第 i 列。

接下来如下所示,求出用非线性函数映射的西格玛点 $\boldsymbol{Y}_i$。

$$\boldsymbol{Y}_i = \boldsymbol{f}(\boldsymbol{\chi}_i),(i = 0,1,\cdots,2n) \tag{5-160}$$

然后,如下计算变换后的 $\boldsymbol{y}$ 的平均值 $\bar{\boldsymbol{y}}$ 和协方差矩阵 $\boldsymbol{P}_y$。

$$\bar{\boldsymbol{y}} = \sum_{i=0}^{2n} w_i \boldsymbol{Y}_i \tag{5-161}$$

$$\boldsymbol{P}_y = \sum_{i=0}^{2n} w_i (\boldsymbol{Y}_i - \bar{\boldsymbol{y}})(\boldsymbol{Y}_i - \bar{\boldsymbol{y}})^{\mathrm{T}} \tag{5-162}$$

式中,w_i 为

$$\sum_{i=0}^{2n} w_i = 1 \tag{5-163}$$

这是进行了标准化的西格玛点的权重,并通过下式进行定义。

$$w_0 = \frac{\kappa}{n+\kappa} \tag{5-164}$$

$$w_i = \frac{1}{2(n+\kappa)},(i = 1,2,\cdots,2n) \tag{5-165}$$

通过无迹变换，卡尔曼滤波器可适用于非线性系统。UKF 的更新算法如下所示。

1）初始值设置。

$$\hat{x}(0\,|\,0) = \mathrm{E}[\,x(0)\,]$$
$$P(0\,|\,0) = \mathrm{E}[\,(\,x(0) - \mathrm{E}[\,x(0)\,]\,)(\,x(0) - \mathrm{E}[\,x(0)\,]\,)^{\mathrm{T}}\,]$$

2）西格玛点计算。

$$\boldsymbol{\chi}_0(k-1\,|\,k-1) = \hat{x}(k-1\,|\,k-1) \tag{5-166}$$

$$\boldsymbol{\chi}_i(k-1\,|\,k-1) = \hat{x}(k-1\,|\,k-1) + \sqrt{n+\kappa}(\,\sqrt{P(k-1\,|\,k-1)}\,)_i,$$
$$(i = 1,2,\cdots,n) \tag{5-167}$$

$$\boldsymbol{\chi}_{n+1}(k-1\,|\,k-1) = \hat{x}(k-1\,|\,k-1) + \sqrt{n+\kappa}(\,\sqrt{P(k-1\,|\,k-1)}\,)_i,$$
$$(i = 1,2,\cdots,n) \tag{5-168}$$

$$w_0 = \frac{\kappa}{n+\kappa}, w_i = \frac{1}{2(n+\kappa)}, (i = 1,2,\cdots,2n)$$

3）估计值更新。

①西格玛点更新。

$$\hat{\boldsymbol{\chi}}_i(k\,|\,k-1) = f(\boldsymbol{\chi}_i(k-1))\,,(i = 0,1,\cdots,2n) \tag{5-169}$$

②时间更新。

$$\hat{x}(k\,|\,k-1) = \sum_{i=0}^{2n} w_i \boldsymbol{\chi}_i(k\,|\,k-1) \tag{5-170}$$

$$P(k\,|\,k-1)$$
$$= \sum_{i=0}^{2n} w_i \{\boldsymbol{\chi}_i(k\,|\,k-1) - \hat{x}(k\,|\,k-1)\} \{\boldsymbol{\chi}_i(k\,|\,k-1) - \hat{x}(k\,|\,k-1)\}^{\mathrm{T}} + \sigma_v^2 bb^{\mathrm{T}}$$
$$\tag{5-171}$$

③西格玛点再更新。

$$\boldsymbol{\chi}_0(k\,|\,k-1) = \hat{x}(k\,|\,k-1) \tag{5-172}$$

$$\boldsymbol{\chi}_i(k\,|\,k-1) = \hat{x}(k\,|\,k-1) + \sqrt{n+\kappa}(\,\sqrt{P(k\,|\,k-1)}\,)_i, (i = 1,2,\cdots,n) \tag{5-173}$$

$$\boldsymbol{\chi}_{n+1}(k\,|\,k-1) = \hat{x}(k\,|\,k-1) - \sqrt{n+\kappa}(\,\sqrt{P(k\,|\,k-1)}\,)_i, (i = 1,2,\cdots,n) \tag{5-174}$$

④输出信号点更新。

$$\boldsymbol{Y}_i(k\mid k-1)=h(\boldsymbol{\chi}_i(k\mid k-1)),(i=1,2,\cdots,2n) \qquad (5-175)$$

⑤时间更新。

$$\hat{\boldsymbol{y}}(k\mid k-1)=\sum_{i=0}^{2n}w_i\boldsymbol{Y}_i(k\mid k-1) \qquad (5-176)$$

$$\boldsymbol{P}_{yy}(k\mid k-1)=\sum_{i=0}^{2n}w_i\{\boldsymbol{Y}_i(k\mid k-1)-\hat{\boldsymbol{y}}(k\mid k-1)\}^2 \qquad (5-177)$$

$$\boldsymbol{P}_{yy}(k\mid k-1)=\sum_{i=0}^{2n}w_i\{\boldsymbol{\chi}_i(k\mid k-1)-\hat{\boldsymbol{x}}(k\mid k-1)\}\{\boldsymbol{Y}_i(k\mid k-1)-\hat{\boldsymbol{y}}(k\mid k-1)\}$$
$$(5-178)$$

⑥卡尔曼增益。

$$\boldsymbol{g}(k)=\boldsymbol{P}_{xy}(k\mid k-1)(\boldsymbol{P}_{xy}(k\mid k-1)+\sigma_w^2)^{-1} \qquad (5-179)$$

⑦观测更新。

$$\hat{x}(k\mid k)=\hat{\boldsymbol{x}}(k\mid k-1)+\boldsymbol{g}(k)(y(k)-\hat{y}(k\mid k-1)) \qquad (5-180)$$

$$\boldsymbol{P}(k\mid k)=\boldsymbol{P}(k\mid k-1)-\boldsymbol{g}(k)\boldsymbol{P}_{xy}(k\mid k-1)^{\mathrm{T}} \qquad (5-181)$$

4）以下重复 2）~3）。

5.7.3　粒子滤波器[2]

粒子滤波器是一种蒙特卡洛积分法（Sequential Monte Carlo，SMC），是采用重要性采样法（Importance Sampling，IS）、序列重要性采样法（Sequential Importance Sampling，SIS）和重采样法来完全描述状态分布的方法。基本上，在 EKF 和 UKF 中，为了简化最佳贝叶斯估计，假设了高斯分布，但在 PF 中，不假设概率密度的形式，而是采用完全非线性、非高斯估计。也就是说，PF 是与完全非线性、非高斯估计相对应的方法。

1. 蒙特卡洛积分法

先介绍蒙特卡洛积分。这是 SMC 的基础。假设难以计算基于式（5-4）的贝叶斯定理的后验概率分布。作为代替，使用蒙特卡洛积分，并且使用随机数对积分进行数值计算。也就是说，从后验概率分布中单独收集加权粒子（样本集），用粒子样本集表示后验分布，并将积分转换为总和的形式。

$$\hat{\boldsymbol{p}}(\boldsymbol{x}(k)\mid\boldsymbol{y}(k-1))=\frac{1}{N}\sum_{i=1}^{N}\boldsymbol{\delta}(\boldsymbol{x}(k)-\boldsymbol{x}_i(k)) \qquad (5-182)$$

式中，$A \subseteq \{x_i(k), i = 1, 2, \cdots, N\}$ 是来自后验概率函数的随机样本集；$\delta(x(k) - x_i(k))$ 是狄拉克 δ 函数。

因此，可以用蒙特卡洛法直接估计后验概率。

另外，S_k 定义了状态迁移函数，期望值如下。

$$
\begin{aligned}
E[S_k(x(k))] &\approx \int S_k(x(k)) p(x(k) \mid y(k-1)) dx(k) \\
&= \frac{1}{N} \sum_{i=1}^{N} \int S_k(x(k)) \delta(x(k) - x_i(k)) dx(k) \quad (5-183) \\
&= \frac{1}{N} \sum_{i=1}^{N} \int S_k(x_i(k))
\end{aligned}
$$

这里，假设集合 A 独立分布，根据大数定律，当 N 足够大时，样本平均值接近期望值 $E[S_k(x(k))]$。$x_i(k)$ 是从 $\hat{p}(x(k) \mid y(k-1))$ 采样的值，由于其在积分区间均匀分布，如果能够进行采样，则通过期望值计算能够求出 $S_k(x(k))$ 的积分。用这种思路进行积分数值计算的方法叫作蒙特卡洛积分。

另外，由于在指定范围内的数值的无偏方差 $\mathrm{var}[S_k(x(k))]$ 小于无穷大，因此，根据中心极限定理，如果 N 足够大，则变为

$$
\{N E[S_k(x(k))]\}^{\frac{1}{2}} - E[S_k(x(k))] \Rightarrow N[0, \mathrm{var}(S_k(x(k)))] \quad (5-184)
$$

这是粒子滤波器的流程，借用蒙特卡洛积分法的思路，通过调整随机样本集的权重来获得估计结果。

2. 重要性采样法[3]

由于后验概率是未知的，因此从后验概率分布进行采样通常是不可能的。作为解决方法，可以考虑应用基于贝叶斯定理的重要性采样法或从已知的提议分布进行采样。如果有该提议分布，则可以按式（5-185）进行替换。在这里，假设已知的提议分布为 $q(x(k) \mid y(k-1))$，并且由此进行采样。然后，对从提议分布采样得到的粒子集合进行加权，对 $\hat{p}(x(k) \mid y(k-1))$ 进行近似处理。于是，假设贝叶斯积分如下。

$$
\begin{aligned}
E[S_k(x(k))] &= \int S_k(x(k)) \hat{p}(x(k) \mid y(k-1)) dx(k) \\
&= \int S_k(x(k)) \frac{\hat{p}(x(k) \mid y(k-1))}{q(x(k) \mid y(k))} q(x(k) \mid y(k)) dx(k) \\
&= \int S_k(x(k)) \frac{\hat{p}(x(k) \mid y(k-1)) \hat{p}(x(k))}{p(y(k)) q(x(k) \mid y(k))} q(x(k) \mid y(k)) dx(k)
\end{aligned}
\quad (5-185)
$$

$$= \int S_k(\boldsymbol{x}(k)) \frac{W_k(\boldsymbol{x}(k))}{p(\boldsymbol{y}(k))} q(\boldsymbol{x}(k) \mid \boldsymbol{y}(k)) \mathrm{d}\boldsymbol{x}(k)$$

在此，设变量 $W_k(\boldsymbol{x}(k))$ 为下式的未标准化的重点权重。

$$W_k = \frac{p(\boldsymbol{y}(k-1) \mid \boldsymbol{x}(k)) p(\boldsymbol{x}(k))}{q(\boldsymbol{x}(k) \mid \boldsymbol{y}(k))} \tag{5-186}$$

由于使用 IS 时，需要在进行更新观测值时重新计算整个状态列的重要性，因此计算量会随时间而增加。为解决这一问题，提出了序列重要性采样法（SIS）。

3. 序列重要性采样法[3]

在更新观测值的采样时刻 $t+1$，不改变时刻 t 的序列状态集，采用递归形式计算重点权重。首先，假设重点密度函数为 $q(\boldsymbol{x}(k) \mid \boldsymbol{y}(k-1))$，将提议分布改写如下。这里假设可以从 $q(x)$ 生成样本。

$$q(\boldsymbol{x}(k) \mid \boldsymbol{y}(k-1)) = q(\boldsymbol{x}(k-1) \mid \boldsymbol{y}(k-2)) q(\boldsymbol{x}(k) \mid \boldsymbol{y}(k-2), \boldsymbol{y}(k))$$
$$\tag{5-187}$$

此外，将系统状态视为一阶马尔可夫（Markov）过程，并且假设观察值相对于系统的状态是独立的，即

$$p(\boldsymbol{x}(k)) = p(\boldsymbol{x}_0) \prod_{j=1}^{k} p(\boldsymbol{x}_j \mid \boldsymbol{x}_{j-1}) \tag{5-188}$$

$$p(\boldsymbol{y}(k-1) \mid \boldsymbol{x}(k)) = \prod_{j=1}^{k} p(\boldsymbol{y}_j \mid \boldsymbol{x}_{j-1}) \tag{5-189}$$

这里，我们假设当前状态不依赖未来的观察结果。此外，假设状态对应于马尔可夫过程，观测值根据状态有条件地独立。在这一假设下，进行递归更新，即从提议分布 $q(\boldsymbol{x}(k) \mid \boldsymbol{y}(k-2))$ 获得样本集 $\{\boldsymbol{x}_i(k), i=1, 2, \cdots, N\}$。另外，从 $q(\boldsymbol{x}(k) \mid \boldsymbol{x}(k-1), \boldsymbol{y}(k))$ 得到样本 $\boldsymbol{x}_i(k)$。由此，更新后的样本集为 $\{\boldsymbol{x}_i(k), i=1, 2, \cdots, N\}$。将式（5-188）代入式（5-185），则有

$$W_k = W_{k-1} \frac{p(\boldsymbol{y}(k) \mid \boldsymbol{x}(k)) p(\boldsymbol{x}(k) \mid \boldsymbol{x}(k-1))}{q(\boldsymbol{x}(k) \mid \boldsymbol{x}(k-1), \boldsymbol{y}(k-1))} \tag{5-190}$$

另外，假定 $q(\boldsymbol{x}(k) \mid \boldsymbol{x}(k-1), \boldsymbol{y}(k-1)) = p(\boldsymbol{x}(k) \mid \boldsymbol{x}(k-1), \boldsymbol{y}(k))$，则认为重要性密度取决于 $\boldsymbol{x}(k-1)$ 和 $\boldsymbol{y}(k)$。因此，在状态估计时，仅采样点 $\boldsymbol{x}_i(k)$ 得到保存。在 $W_i(k)$ 中定义采样后各粒子的权重，可以计算如下。

$$W_i(k) = W_i(k-1) \frac{p(\boldsymbol{y}(k) \mid \boldsymbol{x}_i(k)) p(\boldsymbol{x}_i(k) \mid \boldsymbol{x}_i(k-1))}{q(\boldsymbol{x}_i(k \mid k-1), \boldsymbol{y}(k-1))} \tag{5-191}$$

假设提议分布和先验概率分布相同，则对应于任意粒子 $x_i(k)$ 的权重 $W_i(k)$，权重的估计公式如下。

$$q(\boldsymbol{x}(k) \mid \boldsymbol{x}(k-1),\boldsymbol{y}(k-1)) = p(\boldsymbol{x}(k \mid k-1),\boldsymbol{y}(k)) \qquad (5-192)$$

$$W_i(k) = W_i(k-1)\int p(\boldsymbol{y}(k) \mid \boldsymbol{x}_i(k))p(\boldsymbol{x}_i(k) \mid \boldsymbol{x}_i(k-1))\mathrm{d}\boldsymbol{x}_i(k) \qquad (5-193)$$

因此，将式（5-191）代入式（5-190），可以按式（5-194）变换各粒子的权重 $W_i(k)$。

$$W_i(k) = W_i(k-1)p(\boldsymbol{y}(k) \mid \boldsymbol{x}_i(k)) \qquad (5-194)$$

4. 重采样法

应用 SIS 时会出现劣化问题。这意味着在多次重复计算后，多数粒子的权重变小或被忽略的可能性增加，只有少数粒子具有相对较大的权重，粒子的权重分散随着时间的推移而变大，在状态空间中有效粒子的数量减少。也就是说，如果无效采样粒子数增加，则无用的计算成本也增加，估计性能降低。因此，需要进行重采样，PF 的重采样原理如图 5.25 所示。

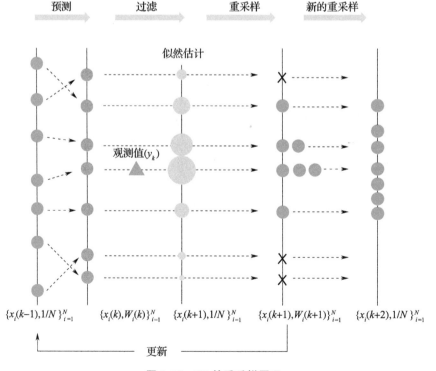

图 5.25　PF 的重采样原理

具体步骤如下。

1）从提案分布函数 $q(\boldsymbol{x})$ 中，选择权重为 $1/N$ 的 N 个随机样本 $\{\boldsymbol{x}_i(k-1)\}_{i=1}^{N}$。

2）计算各样本 $\boldsymbol{x}_i(k)$ 的权重：$W_i(k) \propto p(x(k))/q(x(k))$。

3）重点权重标准化。

$$\widetilde{W}_i(k)(\boldsymbol{x}_i(k)) = \left[W(k)(\boldsymbol{x}_i(k)) \right] \left[\sum_{i=1}^{N} W(k)(\boldsymbol{x}_i(k)) \right]^{-1}$$

4）对 $\{\boldsymbol{x}_i(k-1)\}_{i=1}^{N}$ 进行 N 次采样，使各粒子 $\boldsymbol{x}_i(k)$ 的重采样概率与权重 $\widetilde{W}_i(k-1)$ 成正比。

SIS 和序列重要性重采样法（Sequential Importance Resampling，SIR）均采用重要性重采样的思路。在 SIR 中，总是进行重采样。而在 SIS 中，则是在需要重采样时才进行重采样。因此，SIS 的计算量小于 SIR，但 SIR 的预测精度更高。此外，提议分布的选择对 SIS 和 SIR 的性能都有重要影响。使用重采样算法时，应注意以下几点。

1）如果进行重采样，则将进一步增加当前粒子上的随机分散，因此最好在滤波后进行重采样。

2）为改善 SIS 中的劣化问题，需要追加参数 m 以控制重点权重的影响。此时，将式（5 - 190）变换如下。

$$W_i(k) = W_i(k-1)^m \frac{p(\boldsymbol{y}(k) \mid \boldsymbol{x}_i(k)) p(\boldsymbol{x}_i(k) \mid \boldsymbol{x}_i(k-1))}{q(\boldsymbol{x}_i(k) \mid \boldsymbol{x}_i(k-1), \boldsymbol{y}(k-1))} \quad (5-195)$$

以下为 PF 算法（适用 SIS 和 SIR）。

1）初始值设置。

$t = 0$

For $i = 1{:}N$，从先验分布 $p(x_0)$ 得到初始化状态 $\boldsymbol{x}_i(0)$。

2）For $t = 1{:}T$

①重要性重采样。

a）For $i = 1{:}N$，采样 $\hat{\boldsymbol{x}}_i(k) \sim q(\boldsymbol{x}(k) \mid \boldsymbol{x}_i(k-1), \boldsymbol{y}(k-1))$。

b）For $i = 1{:}N$，计算各粒子的权重。

$$W_i(k) = W_i(k-1) \frac{p(\boldsymbol{y}(k) \mid \boldsymbol{x}_i(k)) p(\boldsymbol{x}_i(k) \mid \boldsymbol{x}_i(k-1))}{q(\boldsymbol{x}_i(k \mid k-1), \boldsymbol{y}(k-1))}$$

c）For $i = 1{:}N$，将权重标准化。

②重采样。

a）N 个随机样本集 $\boldsymbol{x}_i(k)$ 按照近似分布 $p(\boldsymbol{x}_i(k) \mid \boldsymbol{y}(k-1))$ 生成。按照标准

化了的权重，粒子集 $\hat{x}_i(k)$ 被复制或删除。

b）For $i = 1{:}N$，重置权重。

$$W_i(k) = \tilde{W}_i(k) = 1/N$$

③ 输出。

5. 改进粒子滤波器[4-9]

在前面，SIR 作为应对 PF 劣化问题的解决措施。也就是说，着眼于粒子的多样性，考虑了重采样法。其中，提议分布函数（Proposal Distribution Function, PDF）的选择也很重要，当从该思路来寻找解决措施时，与卡尔曼滤波器的情况相同，出现了利用扩展粒子滤波器（Extended Particle Filter, EPF）和无迹粒子滤波器（Unscented Particle Filter, UPF）的想法。

利用 EPF 和 UPF 对 PF 进行改进的要点在于，在重要性采样阶段，将利用 EPF 计算出的各粒子平均值和方差作为采样的提议分布，或者利用包括观测数据在内的近似后验概率密度函数。

此外，在使用 UPF 的情况下，理论上可以使用无迹变换算法计算后验方差直至三阶精度。与仅仅进行 EPF 的一阶泰勒展开相比，其优势在于具有较高精度。

滤波过程流程图如图 5.26 所示。

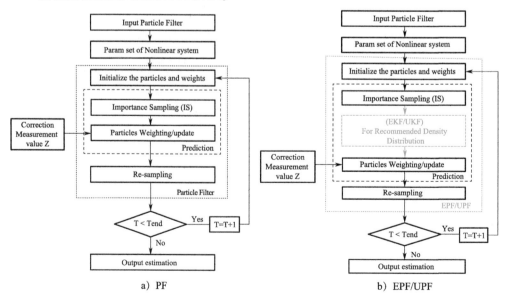

a) PF   b) EPF/UPF

图 5.26　滤波过程流程图

5.8 卡尔曼滤波器应用示例

在此,我们介绍一下目前为止说明的各种卡尔曼滤波器的应用示例。

首先,介绍将航行船舶的 GPS 信息作为传感器取得值,对船舶位置进行估计的卡尔曼滤波器应用示例。通常,如果不对 GPS 数据进行修正,就会很不均衡。假设这种不均衡符合正态分布,则可以适用卡尔曼滤波器。图 5.27 所示是卡尔曼滤波器船舶位置预测结果,图 5.28 所示是预测值误差。另外,图 5.29 所示是 MATLAB 代码,请参考。

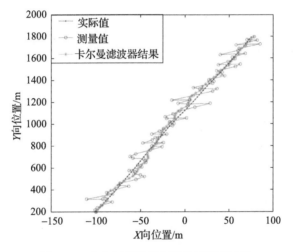

图 5.27 卡尔曼滤波器船舶位置预测结果

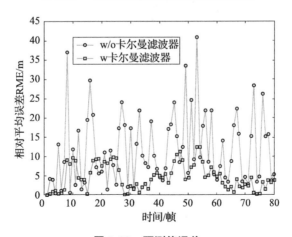

图 5.28 预测值误差

```
%%%%%%%%%%%%%%%%%%%%%%%%%%%%%%%%%%%%%%%%%%%
%カルマンフィルタの応用 shipの位置を推定
%ノーマル カルマンフィルター (KF)
%%%%%%%%%%%%%%%%%%%%%%%%%%%%%%%%%%%%%%%%%%%
clc;
clear all;
close all;
T=1;                    %GPSの走査周期(スキャン率)
N=80/T;                 %追跡フレーム/フレーム数
X=zeros(4,N);           %目標の位置と速度
X(:,1)=[-100,2,200,20]; %目標の初期位置と速度
Z=zeros(2,N);           %センサーによる位置の観測
Z(:,1)=[X(1,1),X(3,1)]; %観測データ初期化
delta_w=1e-2;

Q=delta_w*diag([0.5*T^2,1*T,0.5*T^2,1*T]);  %プロセスノイズ共分散行列
W=sqrtm(Q)*randn(4,N);

R=100*eye(2);           %観測ノイズ平均値(GPSセンサーなどのノイズに設定)
V=sqrtm(R)*randn(2,N);

F=[1,T,0,0;0,1,0,0;0,0,1,T;0,0,0,1];  %状態変換マトリックス(行列)
H=[1,0,0,0;0,0,1,0];                  %観測マトリックス(行列)

Xkf=zeros(4,N);
Xkf(:,1)=X(:,1);        %カルマンフィルターの初期化
P0=eye(4);              %フィルタリング誤差共分散行列の初期化

%%%%%%%%%%%%%%%%%%%%%%%%%%%%%%%%%%%%%%%%%%
for k=2:N

    %ステップ 1:対象物体の実際の軌跡
    X(:,k)=F*X(:,k-1)+W(k-1);

    %ステップ 3:観測点から対象物体に計測
    Z(:,k)=H*X(:,k)+V(:,k);

    %ステップ 2:カルマンフィルタの計算
    X_pre=F*Xkf(:,k-1);             %状態予測
    P_pre=F*P0*F'+Q;                %共分散予測
    Kg=P_pre*H'*inv(H*P_pre*H'+R);  %カルマンゲイン計算
    e=Z(:,k)-H*X_pre;               %新観測データ
    Xkf(:,k)=X_pre+Kg*e;            %状態更新(カルマン予測)数値
    P0=(eye(4)-Kg*H)*P_pre;         %フィルタリング誤差共分散更新

end
%%%%%%%%%%%%%%%%%%%%%%%%%%%%%%%%%%%%%%%%%%
%RSM関数で誤差の評価
E_Messure=zeros(1,N);   %測定値と真値の誤差値を算出
E_Kalman=zeros(1,N);    %カルマン推定値と真値の誤差を記録

for k=1:N
    E_Messure(k)=RMS(X(:,k),Z(:,k));    %フィルタリング前の誤差
    E_Kalman(k)=RMS(X(:,k),Xkf(:,k));   %フィルタリング後の誤差
end

%%%%%%%%%%%%%%%%%%%%%%%%%%%%%%%%%%%%%%%%%%
%軌跡図と評価の結果を表示
figure
hold on;box on;
plot(X(1,:),X(3,:),'-K.');
plot(Z(1,:),Z(2,:),'-bo');
plot(Xkf(1,:),Xkf(3,:),'-r*');
title('Tracking track map');

legend('Real','Measurement','w kalman filter');

xlabel('X-direction /m');
ylabel('Y-direction /m');

%誤差分析
figure
hold on;box on;
plot(E_Messure,'-ko','Markerface','g')
plot(E_Kalman,'-ks','Markerface','r')
legend('w/o kalman filter','w kalman filter')
xlabel('Time/frame');
ylabel('RME /m');
title('Error value estimate');
```

图 5.29　MATLAB 代码

由此可以看出，卡尔曼滤波器大大改善了原始传感器数据所示的位置信息。那么，接下来让我们来看看作为 EKF、UKF 和非线性模型的实施情况。

图 5.30 所示是某个传感器的原始数据（RAW）与卡尔曼滤波器（KF）导致的估计值误差、EKF 与 UKF 的误差对比。但是，由于 RAW 和 KF 是应用于线性模型的结果，EKF 和 UKF 是应用于非线性模型的结果，因此不能单纯地比较 KF、EKF 和 UKF。由于 KF 不适用于非线性模型，因此该结果应看作 KF << EKF < UKF。从图 5.30 中可以看出，在非线性模型中，UKF 显示出比 EKF 更好的结果。

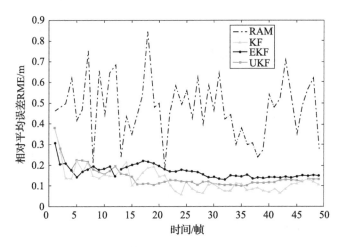

图 5.30　某个传感器的 RAW 与 KF 导致的估计值误差、
EKF 与 UKF 的误差对比

最后，让我们看看粒子滤波器的应用结果。作为适用的非线性模型，使用如下状态式。

$$x(k) = 1 + \cos(0.004\pi t) + 0.4x(t - 1) + W(t) \qquad (5-196)$$

观测式使用以下模型。

$$y(t) = \begin{cases} 0.2x^2(t) + v(t), \ t \leqslant 30 \\ -2 + 0.5x + v(t), \ t > 30 \end{cases} \qquad (5-197)$$

这些状态式和观测式都是非线性的。假设状态式的噪声 w 遵循伽马分布，观测式的噪声 v 遵循平均值为 0、方差为 R 的高斯分布。在这些条件下计算的各种滤波器的误差值如图 5.31 所示。

可以看出 UPF 显示出优异的结果。但是，如图 5.32 所示，UPF 的计算时间最久，必须在要求精度和实时性之间权衡应用。

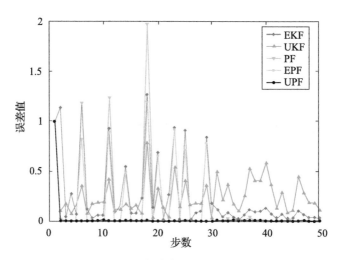

图 5. 31　各种滤波器的误差值

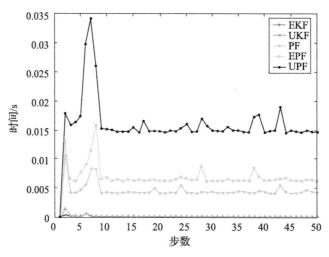

图 5. 32　计算时间的比较

参考文献

［1］ R. E. Kalman：A new approach to linear filtering and prediction problems, Trans. ASME, J. Basic Eng., Vol. 82D, No. 1, pp. 34-45, 1960 (1960)

［2］ 片山徹：非線形カルマンフィルタ、朝倉書店 (2011)

［3］ 篠原雄介：パーティクルフィルタと物体追跡への応用, 日本ロボット 学会誌 Vol. 29 No. 5, pp. 427-430 (2011)

［4］ B. Ristic, S. Arulampalam, and N. Gordon：Beyond the Kalman Filter：Particle Filters for Tracking Applications, Norwood, MA：Artech House (2004)

[5] Rudolph van der Merwe, Nando de Freitas, Arnaud Doucet, and Eric Wan: The unscented particle filter, In Advances in Neural Information Processing Systems 13 (2001)

[6] Zhang H, Miao Q, Zhang X, Liu Z: An improved unscented particle filter approach for lithium-ion battery remaining useful life prediction, Microelectron Reliab 2018; 81: 288-98 (2018)

[7] Comaniciu, D., Ramesh, V., and Meer: Kernel-based object tracking, IEEE Trans. Patt. Analy. Mach. Intell. 25, pp. 564-575 (2003)

[8] E. Wan and R. van der Merwe: Kalman Filtering and Neural Networks, (chap. 7), S. Haykin Ed. New York: Wiley (2001)

[9] L. Q. Li, H. B. Ji, and J. H. Luo: The iterated extended Kalman particle filter, in Proc. IEEE Int. Symp. Communications and Information Technology, vol. 2, Beijing, China, pp. 1213-1216 (2005)

自动驾驶传感器融合
——技术、原理与应用

第6章

今后的技术动向

　　今后的传感器融合需要关注两大技术的未来。一个是各传感器的未来，另一个是传感器融合的未来。作为各传感器的未来，无线电雷达、LiDAR 有望在今后取得进一步发展。此外，对于传感器融合的未来，与本书中未提及的地图之间进行融合，以及与 V2X 之间进行融合将变得重要。

6.1　各传感器的未来

用于自动驾驶的传感器装置将不断改善其缺点，增进优点，今后也将不断升级。尽管这已经成为共识，但在这最后一章中，还是对各传感器装置的未来进行介绍。

由于超声波传感器价格低廉，今后预计仍将作为自动停车的周边传感器使用。如果检测距离延长，自动停车的性能也会提高，为此人们也会努力提升超声波传感器本身的输出及接收能力。虽然单个超声波传感器的性能可能很难提高，但是当使用多个超声波传感器形成相控阵，并且可以进行光束控制的话，将会变得很有趣。

无线电雷达所需改进的地方是提高空间分辨率。为此，将要增加天线的数量，在通过相控阵进行波束控制时的纹理细度也需要提升。目前为止，无线电雷达的天线仅在水平方向上布置，没有在垂直方向上采用高分辨率。但是，如果增加天线的数量，并在垂直方向上也增加数量，则能够在水平和垂直方向上都提高空间分辨率。例如，以色列风险投资公司 Vayyar Imaging 发布了一项技术，该技术利用针对汽车内部的 60GHz 频段雷达，可以实现 5cm 的空间分辨率[1]。

LiDAR 的当务之急是扇形光束形成方法的去机械化。目前为止，扇形光束是通过机械方式使激光二极管发光部和受光部的光电二极管整体进行旋转，或使投射光束在反射镜上反射，并使该反射镜进行旋转，从而形成扇形光束。但是，由于无线电雷达通过相控阵光束扫描而实现了电子化，因此人们希望 LiDAR 能够实现没有驱动音和消耗的去机械方式。正在逐渐应用的方式包括同时发射多个光源的闪光方式和使用微机电系统（MEMS）驱动反射镜的方式。预计车载 LiDAR 将被这些无机械方式取代。此外，人们的另一项研究也引起了注意：在利用光纤使外观导光速度变慢以增加折射角度的慢光方式[2]中，通过改变激光波长而改变折射角度，从而发射扇形光束化。其原因在于，为了改变激光波长，可以应用无线电雷达中使用的 FMCW，这样就可以一下子改善其不如无线电雷达的缺点。

车载单目摄像头及立体摄像头的课题是：在硬件上提高 CMOS 受光装置的性能，在软件上，提高深度学习的可信度。如果受光装置的分辨率得以提高，则应该能够提高摄像头的距离检测能力。另外，通过扩大受光装置的动态范围，夜间的图像亮度也有望得到改善。提高深度学习的可信度方法，例如，人们希望能够阐明 CNN 的黑匣子，并且在理论上能够解释 CNN 的物体识别过程。即使从理论上阐明还太早，如果目标物体本身或识别测试实现标准化的话，也可以期待 CNN 能够更多地被用于物体识别。

6.2 传感器融合的未来

在 1.2 节中讲到传感器融合是传感器数据融合。也就是说，如果以数据彼此融合为前提，就可以在所有数据源之间进行融合。

对于自动驾驶所需的自我位置估计和障碍物识别相关的外部识别，即使传感器组通过传感器融合变得完美，也不能说是充分的。因为如果没有地图就不可能进行自我位置估计，就不可能通过本车传感器获得无法看到的交叉点盲点等信息。

作为对传感器融合扩展的方向，首先考虑与地图数据的融合。人们在针对地图本身研究时将时刻更新信息的动态地图[3]予以实际应用。通过将动态地图数据与传感器进行融合，将有望进一步应对各种情况。

不可见处的信息由基础设施一方的传感器提供。基础设施检测到的信息以通信方式发送给车辆，被称为路车间通信。ETC2.0 所搭载的专用短程通信（Dedicated Short Range Communication，DSRC）中，在汽车导航仪屏幕上显示高速公路前方信息的技术已经得到实用。此外，日本国土交通省 ASV[4] 项目正在探讨通过交换各车辆数据的车辆间通信来补充本车不可见处的信息。这些被称为 V2X 的通信系统和传感器数据融合在一起，将有望实现在人类驾驶员检测之外进行外部识别。

此外，融合后的传感器数据本身将有望通过深度学习来进行处理。例如，有关深度学习在点云数据中的应用，如图 6.1 所示，已经被提出并已经开展研究[5]。如果在此基础上加入 RGB 信息，则有望通过 RGBD 摄像头的深度学习进行识别，并且识别精度也有望进一步提升。

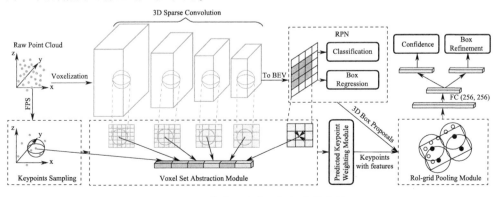

图 6.1　深度学习在点云数据中的应用

参考文献

［1］ https://xtech. nikkei. com/atcl/nxt/column/18/00001/05295/ ［アクセス日：2021年3月15日］

［2］ 馬場俊彦他：シリコンフォトニクススローライトライダの開発、電子情報通信学会論文誌 C，Vol. J103-C，No. 11，pp. 434-452 （2020）

［3］ https://www. dynamic-maps. co. jp/ ［アクセス日：2021年12月15日］

［4］ https://www. mlit. go. jp/jidosha/anzen/01asv/index. html ［アクセス日：2021年12月15日］

［5］ Shaoshuai Shi，Chaoxu Guo，Li Jiang，Zhe Wang，Jianping Shi，Xiaogang Wang，and Hongsheng Li：Pv-rcnn：Pointvoxel feature set abstraction for 3d object detection，In The IEEE/CVF Conference on Computer Vision and Pattern Recognition （CVPR） （2020）

结 束 语

以上我们介绍了自动驾驶传感器融合相关的思路、基础理论、技巧和研究案例。目前，在车载传感器的传感器融合中，进行互补的思路是主流。也就是说，都是一些复合和统合传感器融合，还远远没有能够发挥传感器融合的实力。融合和网络传感器融合才会使传感器融合变得丰富多样。

在尝试提高自动驾驶水平时，将多个同种类/不同种类的传感器进行融合似乎是必经阶段。因此，为了使自动驾驶更安全、更舒适，大家应该关注传感器融合所带来的丰富功能。作者一直致力于摄像头和 LiDAR 的传感器融合相关工作。不过，今后由于天线数的增加，无线电雷达的分辨率将有望提高，因此作者也将关注摄像头和无线电雷达的融合。希望本书能够成为过渡到融合、网络传感器融合的契机。

另外，在将卡尔曼滤波器和粒子滤波器用于最佳状态估计法时，希望读者也能加入传感器融合的思路。这是因为如果用于状态估计的传感器和用于观测确认的传感器使用了不同的传感器，则只要应用最优滤波器就能形成传感器融合。尽管粒子滤波器的劣势在于需要较长的计算时间，但通过无迹化可以大大控制计算量，也很容易在 MATLAB 中实现。

此外，本书中介绍的"立体摄像头内的融合"的研究案例是本实验室已获得硕士学位的栗原勇树同学的研究成果，"虚拟 RGBD 摄像头"的研究案例是正在本实验室从事研究工作的硕士研究生斋藤真衣同学的研究结果。同时，在粒子滤波器的介绍方面，得到了正在本研究室从事研究工作的博士研究生沈舜聪同学的建议，并且他还提供给作者粒子滤波器应用示例的结果。借此机会向以上各位表示由衷的感谢。